DISCIPULADO
JESÚS VIVE HOY

TE ENTREGO MI CORAZÓN

Manual

TATIANA FIGUEROA

Nuestra Visión

Alcanzar las naciones llevando la autenticidad de la revelación de la Palabra de Dios, para incrementar la fe y el conocimiento de todos aquellos que lo anhelan fervientemente; esto, por medio de libros y materiales de audio y video.

Te Entrego Mi Corazón Manual

ISBN – 1-59900-151-9

Primera edición 2017

Portada diseñada por: JVH Esteban Zapico

Citas bíblicas tomadas de la Santa Biblia, Revisión 1960

©Sociedades Bíblicas Unidas

Categoría: Discipulado

Publicado por: JVH Publications

Impreso por: JVH Publications

INDICE

INTRODUCCIÓN

La crisis de nuestra generación es una crisis de valores. La crisis de este país no es una crisis económica sino una crisis espiritual. Podemos referirnos a ella como una crisis "cardioespiritual". Este es un tiempo para preparar corazones para el momento que nos encontremos con el Señor cara a cara. Corazones nuevos, limpios y rectos listos para irse con El y poder verlo cara a cara.

»El corazón humano es lo más engañoso que hay, y extremadamente perverso. ¿Quién realmente sabe qué tan malo es? Pero yo, el Señor, investigo todos los corazones y examino las intenciones secretas. A todos les doy la debida recompensa, según lo merecen sus acciones». (Jeremías 17:9, 10 NTV)

Para que esta crisis termine y este decaimiento moral se acabe, tiene que venir por el Espíritu de Dios un tiempo de despertar espiritual. Dios es un Dios de generaciones. De lo que suceda en esta generación dependerá el futuro de las siguientes. Lo que pase hoy, será un legado con el que nuestros hijos tendrán que enfrentarse. Estamos es un momento crítico; estamos en el límite...

Pero como hemos llegado a este punto?... Es un tiempo en el que no se cree en nada ni en nadie. **Es una sociedad tan preocupada por no ofender a la gente, que no les importa ofender a Dios**.

La apatía espiritual es cada vez más grande. En Estados Unidos la última encuesta del centro de investigaciones PEW refleja que más del 50% de los creyentes no están seguros ni aun de su propia salvación. Las iglesias se están cerrando y los pastores están abandonando sus ministerios. Y si nos vamos a lo que pasa en el mundo, el aturdimiento, error y confusión ha puesto un velo sobre muchos.

El problema de esta hora es la pasividad de la iglesia, el adormecimiento y la indiferencia en la que muchos creyentes están viviendo y que los ha llevado a un extremo de absoluta apatía a todo lo que tiene que ver Dios y la búsqueda de Su presencia.

El corazón en la Biblia es (leb y kardia), es el ser interior del hombre que hace que este tenga sentimientos, y actúe de acuerdo con ellos. El corazón del hombre se mueve por intenciones, que son las motivaciones originales por las cuales hace las cosas, y que sólo esos propósitos son conocidos en lo profundo por Dios. Ante El estamos completamente desnudos y nada esta culto delante de sus ojos.

Dios va hacer algo grande en medio de su pueblo.... Él va a cumplir sus promesas y sólo estas podrán ser disfrutadas por aquellos que le están creyendo con todo su corazón. Pero antes que esto acontezca, va a probar nuestros corazones. Dios mismo está pesando los corazones en una balanza, y está midiendo en ellos nuestras intenciones y actitudes.

Jesucristo viene por nuestros corazones, por eso, los está preparando. Unos serán probados, otros serán zarandeados...otros podrán tropezar en aquellas áreas que todavía no han entregado a Dios... Dios va a empezar a pedir cuentas porque muchos han cerrado y endurecido su corazón, y no hay un genuino arrepentimiento. Después de este proceso, los que pasen, serán promocionados.... Otros tendrán que repetir el proceso....

El corazón en esta época esta siendo probado, pesado y escudriñado por Dios.

"Sobre toda cosa guardada, guarda tu corazón; porque de el mana la vida". Proverbios 4:23

LA PRUEBA DEL CORAZÓN

La prueba hace que nosotros seamos distintos, pero lo que Dios permita para tratar con nuestro carácter puede que se repita, sino se toma la forma deseada, y eso se ve cuando estamos delante del Señor. En momentos de pruebas permitidas por Dios no se puede tomar decisiones apresuradas; se debe guardar la calma (ya que este momento todo se sacude) para no abrir puertas quizás a la misma tentación.

"Examíname, oh Dios, y conoce mi corazón; Pruébame y conoce mis pensamientos; 24 Y ve si hay en mí camino de perversidad, Y guíame en el camino eterno" Salmo 139:23-24

EL PECADO ES EL PROBLEMA

El pecado es un acto de rebelión en contra de la autoridad soberana de Dios. En el corazón del hombre es de donde salen las cosas malas que contaminan el cuerpo. El pecado es un problema del corazón y es ahí donde se tiene que buscar el problema y también donde estará la solución. En el corazón rebelde, desobediente y endurecido, es donde reside el pecado. La situación aquí no es pelear contra el pecado, lo que hay que arreglar es nuestro corazón. De que vale, aparentar que todo está bien, mientras asistimos cada domingo a un servicio religioso si por dentro, el corazón está contaminado, enfermo y endurecido? nada. No sirve de nada. Del corazón emana la vida, y lo que Dios ve es el corazón a El nadie lo engaña.

1

¿QUÉ ES EL CORAZÓN?

⁹ Engañoso es el corazón más que todas las cosas, y perverso; ¿quién lo conocerá? ¹⁰ Yo Jehová, que escudriño la mente, que pruebo el corazón, para dar a cada uno según su camino, según el fruto de sus obras. Jeremías 17:9-10

Si hay algo verdaderamente complejo para el entendimiento humano, es conocer cómo funciona el corazón no solo desde el punto de vista físico sino espiritual. El corazón humano funciona como una bomba que trabaja día y noche impulsando la sangre por todo el cuerpo; si se detiene el corazón se detiene la vida.

¿CÓMO SE DEFINE EL CORAZÓN BÍBLICAMENTE?

El corazón es el ser interior del hombre que piensa, siente y actúa; es la esencia del ser humano. El corazón en hebreo es descrito con la palabra */leb/* y tiene que ver con:

- ➢ **El alma**
- ➢ **La personalidad, dentro del Yo**
- ➢ **Voluntad**
- ➢ **Inclinación, resolución**
- ➢ **Decisión propia, bajo la determinación del *libre albedrio*. (Lugar donde se toma las decisiones, si obedece o desobedece a la ley divina)**
- ➢ **Ánimo, Reflexión**
- ➢ **Entendimiento, comprensión**
- ➢ **Sabiduría**
- ➢ **Hombre interior**
- ➢ **Mente, conocimiento, pensamiento, reflexión, memoria**

- ➢ **Corazón (de carácter moral)**
- ➢ **Como asiento de los apetitos**
- ➢ **Como sede de emociones y pasiones**
- ➢ **Como asiento del valor**

También tiene un significado parecido en griego que es */kardia/* y quiere decir lo mismo que en hebreo: **pensamientos y sentimientos.**

De acuerdo con estos significados se puede entender que el corazón descrito en la Biblia, es el ser interior del hombre que hace que este tenga pensamientos, posea sentimientos y actué de acuerdo con ellos. El corazón del hombre se mueve por intenciones, que son las motivaciones originales por las cuales el hace las cosas y que solo esos propósitos son conocidos en lo profundo por Dios. Ante El cada persona está desnuda y nada está oculto delante de Sus ojos.

En el texto bíblico anterior, El Señor habla del corazón espiritual y lo detalla con dos características muy específicas: **engañoso y perverso**.

- La palabra **engañoso** viene del original hebreo es */acob/* que quiere decir **fraudulento, manchado, y torcido.**
- La palabra **Perverso** tiene su origen en el hebreo */anash/* que quiere decir **frágil, débil o melancólico.**

Parafraseando este texto se puede decir entonces, que el corazón como esta descrito en la Biblia, piensa, siente y actúa. En él se encuentran los pensamientos, los sentimientos, la voluntad e incluso el intelecto y que además es fraudulento, manchado, torcido, frágil, débil y melancólico. Este corazón solo Dios lo puede conocer, pues solo Él puede escudriñarlo y probarlo para darle a cada uno según sus obras.

Es interesante entender que cuando el Señor dice: *"y daré a cada uno según su camino, según el fruto de sus obras"*, se está refiriendo a cada persona sin excepción alguna. Lo más maravilloso es que todos -absolutamente todos-, pasamos por la lupa exhaustiva de Dios. Ninguno pasa ese examen por astucia, apariencia y mucho menos por fraude

Dios ve lo que nadie ve. Él no juzga como lo hace el hombre. Dios no califica una persona por su apariencia, la clase social, o los reconocimientos personales que haya obtenido. Recuerda la gran ilustración que el Señor le dio al profeta Samuel cuando buscaba al nuevo rey de Israel, y el profeta creía que sería el más grande, y robusto de los hijos de la casa de Isaí.

En 1 de Samuel 16:7 se encuentra esta enseñanza: *"No mires a su parecer, ni a lo grande de su estatura, porque yo lo desecho; porque Jehová no mira lo que mira el hombre; pues el hombre mira lo que está delante de sus ojos, pero Jehová mira el corazón"*.

Isaías 11:3 dice que *"El no juzgara por lo que vean sus ojos, ni dará una sentencia por lo que oigan sus oídos, sino que juzgara con justicia".*

Es importante entender a profundidad lo que enseña el Señor acerca de cómo cultivar la tierra del corazón espiritual. Del corazón no solo vendrán malos pensamientos y malos sentimientos, sino que dependiendo de qué clase de corazón se tenga, vendrán de él la vida o la muerte. De acuerdo con la forma como se actué, cada persona será recompensada o juzgada por Dios mismo.

Porque de dentro, del corazón de los hombres, salen los malos pensamientos, los adulterios, las fornicaciones, los homicidios. Los hurtos, las avaricias, las maldades, el engaño, la lascivia, la envidia, la maledicencia, la soberbia, la insensatez. Marcos 7:20-22

No aborrecerás a tu hermano en tu corazón; razonarás con tu prójimo, para que no participes de su pecado. Levítico 19:17

Jesucristo detecto los hombres fuertes de incredulidad y dureza que tenían aprisionados los corazones de sus seguidores y discípulos, y que les impedía recibir la Palabra de Dios.

- *Mateo 9:4*
  Y conociendo Jesús los pensamientos de ellos, dijo: ¿Por qué pensáis mal en vuestros corazones?

- *Marcos 6:52*
  Porque aún no habían entendido lo de los panes, por cuanto estaban endurecidos sus corazones

- *Marcos 3:5*

- *Entonces, mirándolos alrededor con enojo, entristecido por la dureza de sus corazones, dijo al hombre: Extiende tu mano. Y él la extendió, y la mano le fue restaurada sana.*

Visión de los Ángeles y la balanza

El Señor me mostró como los corazones estaban siendo probados. Vi una enorme balanza de oro y al lado de ella dos Ángeles. El que estaba al lado derecho tenía un cuaderno donde iba escribiendo y el que estaba en el lado izquierdo iba tomando los corazones de las personas y los iba pesando. Vi una gran fila de personas en la parte de abajo del altar; el ángel tomaba los corazones y los ponía en la balanza que era grande, perfecta de oro puro y macizo. El ángel le decía al otro el peso exacto de cada corazón (pero se lo decía en porcentajes). Estos eran: amor, arrepentimiento, y entrega. El ángel escribía en su rollo; me acerque y vi como él colocaba todo de una manera meticulosa ...escuche la voz de Dios que decía que estaba pesando los corazones y que éramos pesados y medidos por todo lo que hablábamos, pensábamos y decíamos.

EL CORAZÓN DEL HOMBRE ES: PROBADO, PESADO Y ESCUDRIÑADO POR DIOS.

Veamos lo que dice la Palabra de Dios al respecto.

1. El corazón es "probado" por Dios:

El crisol para la plata, y la hornaza para el oro; Pero Jehová prueba los corazones. Proverbios 17:3

Más en lo referente a los mensajeros de los príncipes de Babilonia, que enviaron a él para saber del prodigio que había acontecido en el país, Dios lo dejó, para probarle, para hacer conocer todo lo que estaba en su corazón (del Rey Ezequías). 2 Crónicas 32:31

La palabra "**Probado**" es /*bakjan*/ en hebreo y significa: investigado, examinado, y tentado.

2. El corazón es "pesado" por Dios:

Todo camino del hombre es recto en su propia opinión; Pero Jehová pesa los corazones. Proverbios 21:2

"Porque si dijeres: Ciertamente no lo supimos, ¿Acaso no lo entenderá el que pesa los corazones? El que mira por tu alma, él lo conocerá, Y dará al hombre según sus obras". Proverbios 24:12

La palabra "**Pesado**" es /*takan*/ en hebreo y significa: regular, medir, calcular, reflexionar, equilibrar el nivel y el peso de las cosas.

En Daniel 5:27 el profeta interpreta a Belsasar hijo de Nabucodonosor, una palabra que fue escrita por los dedos de una mano de hombre en la pared... recordemos que este heredero del trono, no humilló su corazón delante de Dios, y no aprendió del triste episodio de la locura de su padre, que por ser orgulloso y altivo fue condenado a vivir como un animal por siete años. Belsasar profano los instrumentos santos del templo de Jerusalén, haciendo con estos un banquete para mil de sus príncipes y adorando a sus dioses....el escrito en la pared decía: MENE MENE TEKEL UPARSIN *pesado has sido en balanza y fuiste hallado falto. Tu reino ha sido roto...este fue el juicio de Dios* para un corazón **"pesado"** que fue hallado falto de peso de integridad. Esa noche el rey murió asesinado.

3. **El corazón es "escudriñado" por Dios:**

...y todas las iglesias sabrán que yo soy el que escudriña la mente y el corazón; y os daré a cada uno según vuestras obras. Apocalipsis 2:b23.

Mas el que escudriña los corazones sabe cuál es la intención del Espíritu. Romanos 8:27

El Rey Salomón, el hombre más sabio que ha existido sobre la tierra, por revelación, lo entendía muy bien:

Yo sé, Dios mío, que tú escudriñas los corazones, y que la rectitud te agrada; 1 Crónicas 29:17

En griego la palabra **"escudriñar"** viene de la palabra */ereunao/* que significa: buscar, inquirir, y examinar profundamente. Nuestro Señor escudriña dentro de nuestra vida buscando en lo más profundo de nuestro ser. La palabra **"mente"**, en griego */nephros/* significa: riñones, entrañas más profundas de nuestro ser. A través del peso, la prueba y el escudriñamiento del corazón Dios discierne las intenciones originales y genuinas del ser interior del hombre, que son las verdaderas motivaciones del "por qué" y el "para que" se hacen las cosas, aun aquellas que se consideran las más espirituales.

EL INTENTO DEL CORAZÓN

porque el intento del corazón del hombre es malo desde su juventud. Génesis 8:b21.

Un ejemplo de cómo el Señor escudriña los corazones se encuentra cuando Jesús se sienta a observar como ofrendaban en el templo, desaprobando a los ricos y colocando como ejemplo a la viuda que dio todo lo que tenía, mientras los demás daban lo que les sobraba. En el Antiguo Testamento, Dios ve las verdaderas intenciones de Caín antes de ver su ofrenda (1 Juan 3:12) cuando dice: *"y porque mato Caín a Abel?, porque sus obran eran malas y las de su hermano justas"*.

Se puede concluir entonces que el Señor se interesa del porqué de las acciones, no para acusar sino para sacar a la luz cada motivación y poder así limpiar el corazón.

En este tiempo profético Dios está sacando a luz y manifestando las intenciones del corazón

Así que, no juzguéis nada antes de tiempo, hasta que venga el Señor, el cual aclarará también lo oculto de las tinieblas, y manifestará las intenciones de los corazones; y entonces cada uno recibirá su alabanza de Dios. 1 Corintios 4:5

¿QUÉ ES ENTONCES UNA MOTIVACIÓN?

Son los *estímulos que mueven* a la persona a realizar determinadas acciones y persistir en ellas hasta su culminación.

¿QUÉ ES UNA INTENCIÓN?

Es un movimiento de la voluntad hacia un fin; apunta al bien esperado de la acción emprendida y ordena varias acciones hacia un mismo objetivo. Si observas el comportamiento humano, te darás cuenta que todo lo que se hace tiene una *intención, un porque y un para qué.*

Las intenciones del corazón son tan amplias como diversas. Hay intenciones de todo tipo y de todo género. Las hay escondidas y ocultas, como también las hay nobles y hermosas. Hay cosas que se creen que son correctas, pero el trasfondo no es el que Dios espera. Una intención original con la cual se desarrolla una visión por ejemplo, puede ser vista como buena, y al tiempo descarrillarse por un camino no tan "santo".

Hay intenciones que aparentan una cosa, pero que la motivación intrínseca del corazón, es la vanidad, el reconocimiento, el poder, el control. No hay nada peor que un ego elevado a la máxima potencia, manifestándose bajo una fachada de bondad y piedad.

¿SE PUEDEN HACER COSAS CORRECTAS CON UN ESPÍRITU INCORRECTO?

Si, se puede ayudar a una persona necesitaba (una acción correcta), con el deseo de ser *admirado* por la generosidad y por un corazón dispuesto a dar (un espíritu incorrecto).

15 Él les dijo: «Ustedes se hacen los buenos ante la gente, pero Dios conoce sus corazones. Dense cuenta de que aquello que la gente tiene en gran estima es detestable delante de Dios. Lucas 16:15 BLB

2

ANALISIS DEL CORAZÓN DE DAVID

En el capítulo anterior estudiamos como Dios escudriña lo más profundo del corazón humano sin importar el título, la raza, o la capacidad económica. El rey David fue un hombre que fue llamado *"conforme al corazón de Dios"*.

"He hallado a David, hijo de Isaí, varón conforme a mi corazón, quien hará todo lo que yo quiero" Hechos 13:b22.

Y cuando Salomón era ya viejo, sus mujeres inclinaron su corazón tras dioses ajenos, y su corazón no era perfecto con Jehová su Dios, como el corazón de su padre David. 1 de Reyes 11:4

¿CÓMO FUE PROBADO EL CORAZÓN DE DAVID?

Para ser hallado con un corazón conforme al corazón de Dios, hay que ser pesado, probado y escudriñado por el Señor, pues Él está preparando el corazón de la Iglesia, su novia, para encontrarse cara a cara con ella. David no fue la excepción, y aunque su corazón fue probado y en algún momento hallado falto del peso adecuado, él entendió que era mejor la disciplina del Señor porque en ella estaría la corrección de su alma abrigada por una infinita misericordia. David fallo, pero se arrepintió. Dios lo perdono y lo coloco de nuevo en su lugar de honor, porque David lo busco en arrepentimiento genuino, con un corazón contrito y humillado.

Y al atardecer David se levantó de su lecho y se paseaba por el terrado de la casa del rey, y desde el terrado vio a una mujer que se estaba bañando; y la mujer era de aspecto muy hermoso. 2 Samuel 11:2 LBLA

Dice la Biblia que desde su terraza vio una mujer que se bañaba, ella era Betsabé. Dios estaba probando el corazón de David.

David envió mensajeros y la tomó; y cuando ella vino a él, él durmió con ella. Después que ella se purificó de su inmundicia, regresó a su casa. Y la mujer concibió; y envió aviso a David, diciendo: Estoy encinta. 2 Samuel 11:4 -5 LBLA

En este momento, ya se habían cometido varios pecados que David conocía muy bien. El problema no solo fue que había transgredido dos mandamientos de la ley de Dios: no codiciar la mujer del prójimo, y no cometer adulterio; sino que ahora estaba buscando la manera de ocultar ese pecado. (Recuerda que la muerte era el castigo para las mujeres adúlteras y ella estaba embarazada de otro hombre que no era su marido. Inicialmente David envió a llamar a Urías para que regresara del campo de batalla a Jerusalén y así pudiera estar esa noche, con su esposa y el hijo que ella esperaba pudiera decir que era de su esposo. Pero esto no ocurrió de esta forma, y David empezó a caer inevitablemente en las consecuencias del pecado.

Venida la mañana, escribió David a Joab una carta, la cual envió por mano de Urías ¹⁵ Y escribió en la carta, diciendo: Poned a Urías al frente, en lo más recio de la batalla, y retiraos de él, para que sea herido y muera.¹⁶ Así fue que cuando Joab sitió la ciudad, puso a Urías en el lugar donde sabía que estaban los hombres más valientes.¹⁷ Y saliendo luego los de la ciudad, pelearon contra Joab, y cayeron algunos del ejército de los siervos de David; y murió también Urías heteo. 2 Samuel 11:14-17

David contaminado por la mancha del pecado, se enegueció y su carácter integro se transforma para dar a luz, la confabulación y la crueldad al planificar la muerte de un soldado íntegro y fiel a él; como lo era Urías. David envió a matar a su soldado por medio de una estrategia de guerra: colocarlo al frente de la batalla y dejarlo solo para que muriera.

Cuando el pecado se asienta en el corazón del hombre daña aun los espíritus más nobles. Por eso dice la Biblia

"...así que, el que piense estar firme, mire que no caiga". 1 Corintios 10:12.

El plan de David era quedarse con Betsabé y por eso uso todas sus influencias y poder, para llevar a cabo su obra.

Mas esto que David había hecho, fue desagradable ante los ojos de Jehová. 2 Samuel 11:b27.

David no quería que Betsabé fuera castigada como adúltera y que su honra real fuera mancillada. Parecía hasta aquí que todo había resultado a la perfección; Urías estaba muerto y nada podía impedir que David se casara con la viuda y el hijo de su vientre naciera dentro de su nuevo matrimonio.

Oyendo la mujer de Urías que su marido Urías era muerto, hizo duelo por su marido.²⁷ Y pasado el luto, envió David y la trajo a su casa; y fue ella su mujer, y le dio a luz un hijo. Más esto que David había hecho, fue desagradable ante los ojos de Jehová. 2 Samuel 11:26-27

El corazón de David, fue probado (por medio de la tentación), pesado y escudriñado por Dios hasta lo más profundo de sus entrañas, y fue hallado falto. No solo había fallado a la ley, que demandaba sentencia de muerte para ambos pecados (adulterio con Betsabé y asesinato de Urías su esposo) sino que le había fallado a Dios. Esta fue el dictamen de juicio enviada por el Señor a David un año después de aquel incidente, por medio de su profeta Natán.

JUICIO DE DIOS CONTRA DAVID

¹⁰ Por lo cual ahora no se apartará jamás de tu casa la espada, por cuanto me menospreciaste, y tomaste la mujer de Urías heteo para que fuese tu mujer. ¹¹ Así ha dicho Jehová: He aquí yo haré levantar el mal sobre ti de tu misma casa, y tomaré tus mujeres delante de tus ojos, y las daré a tu prójimo, el cual yacerá con tus mujeres a la vista del sol.¹² Porque tú lo hiciste en secreto; más yo haré esto delante de todo Israel y a pleno sol. ¹³ Entonces dijo David a Natán: Pequé contra Jehová. Y Natán dijo a David: También Jehová ha remitido tu pecado; no morirás. ¹⁴ Más por cuanto con este asunto hiciste blasfemar a los enemigos de Jehová, el hijo que te ha nacido ciertamente morirá. Y Natán regresó a su casa. Y el SEÑOR hirió al niño que la viuda de Urías dio a David, y se puso muy enfermo.¹⁶ David rogó a Dios por el niño; y ayunó, y fue y pasó la noche acostado en el suelo. 2 Samuel 12:10-16 RVR1960

El Señor amaba a David y tenía un plan para él pues de su linaje nacería nuestro salvador, pero aunque su amor era grande, no lo iba a dejar sin su castigo respectivo. *Porque el Señor al que ama disciplina, y azota a todo que recibe por hijo. Hebreos 12:6*

La primera sanción tiene que ver con el niño que venía en camino, evidencia del resultado de su pecado. (V14) *"Más por cuanto con este asunto hiciste blasfemar a los enemigos de Jehová, el hijo que te ha nacido ciertamente morirá".*

Es aquí donde nace el Salmo 51, la oración genuina de arrepentimiento por excelencia. David humildemente reconoce que se ha equivocado y pide perdón por sus actos.

Ten piedad de mí, oh Dios, conforme a tu misericordia; Conforme a la multitud de tus piedades borra mis rebeliones. Salmo 51:1

David no se justificó ni argumento su pecado en Presencia del Señor. Él se postro en tierra, ayuno y lloro por su pecado cometido contra Dios.

Porque yo reconozco mis rebeliones, Y mi pecado está siempre delante de mí. Salmo 51:3

David sabía que le había fallado a Dios, el reconoció que transgredió la ley de Dios y por tal motivo había enterado en rebelión contra el Señor. Él estaba consiente que estaba contaminado por la impureza y que era débil ante la tentación sexual.

Contra ti, contra ti solo he pecado, Y he hecho lo malo delante de tus ojos; Para que seas reconocido justo en tu palabra, Salmo 51:4

David sabía que le había fallado al Señor; su corazón estaba quebrantado por la vergüenza de haber actuado de esa forma. Le dolía que su espíritu estuviera apartado del Señor por el pecado (pues se encontraba sucio delante de Él). Él sabía que solo los limpios de corazón podían ver a Dios.

David no se guardó nada para él, confeso su pecado porque necesitaba ser limpio. Él tenía revelación de lo que significaba la limpieza y la pureza espiritual. El espíritu genuino de arrepentimiento y su corazón quebrantado, fue la llave que abrió la puerta del perdón y la restauración.

Purifícame con hisopo, y seré limpio; Lávame, y seré más blanco que la nieve. Salmo 51:7

El hisopo era una planta con hojas muy pequeñas que eran usadas en los rituales de purificación. David sabía que esa limpieza con hisopo a la que accedían los sacerdotes, simbolizaba la limpieza del alma. La palabra "lávame" es en hebreo es /kabas/ y significa que mientras algo se lava, es apretujado. Era la forma como las mujeres de la época lavaban la ropa: golpeaban la ropa con fuerza para sacarle toda la suciedad. Esta era la figura que usaba David para pedirle a Dios que limpiara su alma y se quitara así la mancha de su pecado.

Crea en mí, oh Dios, un corazón limpio, Y renueva un espíritu recto dentro de mí. Salmo51:10

David supo por revelación del espíritu, que su pecado se encontraba en el corazón y por eso le pidió a Dios que le diera uno que fuera puro y limpio como la nieve. Él sabía que la sangre de Cristo era la única que lo podía limpiar de toda su maldad y por eso, en esta oración podemos darnos cuenta de la revelación que había en él. Eso es lo que debemos pedir para ser restaurados desde lo más profundo de nuestro ser interior. Un espíritu recto tiene que ver con uno que no cede a la tentación.

¡QUE EL SEÑOR LIMPIE NUESTRO CORAZÓN CON SU SANGRE PRECIOSA Y NOS CAMBIE EL CORAZÓN!

Los sacrificios de Dios son el espíritu quebrantado; Al corazón contrito y humillado no despreciarás tú, oh Dios. **Salmo 51:17**

Cualquier manifestación externa que no sea genuina delante de Dios, aunque a los ojos de todos pueda parecer legítima, ante Él es solo engaño y religiosidad.

Dios anhela es un cambio de actitud en lo más íntimo del corazón para que pueda haber un genuino arrepentimiento. Un corazón quebrantado como el que tenía David no es despreciado por Dios.

La palabra quebrantado en hebreo es */shabar/* que significa literalmente: despedazado, destruido, molido, roto. Así estaba el espíritu de David delante de Dios, y por eso pudo ser restaurado porque busco desesperadamente al único que podía sanarlo y colocarlo nuevamente en su posición original.

Estamos en los últimos tiempos donde los corazones están siendo probados por Dios y tentados por Satanás. El Señor está buscando corazones que se dejen moldear por Su mano y sean cautivados por su Presencia.

Si Dios está *pesando, probando y escudriñando* los corazones en esta época, es porque su Iglesia amada, necesita prepararse para encontrase con su amado. Dios no ve lo que los hombres ven, Él no se seduce por tu apariencia, ni se asombra por tus éxitos. Dios ve tu corazón y se mueve con misericordia ante un corazón que busca fervientemente ser como el de Él, como era el de David.

EL CORAZÓN DE DAVID

"Una cosa he demandado a Jehová, ésta buscaré; Que esté yo en la casa de Jehová todos los días de mi vida, Para contemplar la hermosura de Jehová, y para inquirir en su templo". Salmo 27:4

Algo que vemos constantemente en David es el corazón de adorador que lo lleva a buscar siempre la Presencia de Dios. David no buscaba ser el rey más importante de Israel, sin embargo lo fue. No le interesaba ser el guerrero más valiente que hubiera existido, y lo logro. Su realización personal no se encontraba en conquistar tierras, ni en tener fama y fortuna. Lo único que él quería era permanecer en la casa de Dios, estar delante de su Presencia, y contemplar la hermosura de su Santidad. Lo único que David deseaba era contemplar la hermosura de la santidad de Dios y ver su gracia y belleza. Esa era la pasión de David, el solo deseaba una cosa, y era el motor que lo movía desesperadamente: *buscar la Presencia y permanecer en ella*, y por cuanto esto era lo que el buscaba todo lo demás fue posible y Dios aún le dio más de lo que el jamás pidió o imagino. Él sabía que el secreto de sus éxitos era deleitarse en la Presencia de Dios, y ante un corazón como el de él, que lo amaba profundamente Dios no se podía negar a concederle su más íntimos deseos.

Muchas personas quieren que Dios cumpla sus deseos, sus sueños, o las promesas que han esperado por años; pero no han aprendido a deleitarse en Dios y buscarlo con un corazón genuino. Aunque David fallo cuando fue probado, el Señor vio su arrepentimiento y le restituyo con una descendencia que seguiría después de él, para cumplir la promesa del pacto.

La enseñanza de este capítulo, es entender que debemos depender de la gracia de Jesucristo, para ser perdonados y restaurados en cada área en la que hayamos fallado a Dios. La sangre de Cristo nos limpia y crea en nosotros un corazón limpio tal como lo pedía David en el salmo 51.

Dios ve nuestro corazón en lo profundo pues ante El nada se puede escapar. El escudriña nuestros corazones para ver si realmente lo que hacemos está conforme a lo que decimos. Un corazón sincero y humilde, que acepta sus errores, que no se justifica, ni argumenta, y solo quiere ser restaurado, nunca será despreciado por Dios.

Si aprendes a buscar de El como lo hacía David, y anhelas conocerlo más íntimamente y que su presencia te abrigue; busca limpiar tu corazón y ponerte a cuentas con Dios en esta hora.

3

¿CUÁL CORAZÓN BUSCA DIOS?

Hemos estado estudiando la importancia del corazón y como este debe ser cuidado y guardado. Como dice en Proverbios 4:23, ...*Porque de él, mana la vida.* La Biblia describe diferentes tipos de corazón y cuál es el que Dios busca:

1. UN CORAZÓN CONTRITO Y HUMILLADO: /*shabar*/ /*dakah*/ /*leb*/

***Al corazón contrito y humillado no despreciarás tú, oh Dios.* Salmo 51:17**

El corazón contrito es: /*dakah leb*/**,** un corazón triturado, abatido, derrumbado, desmenuzado que Dios no puede despreciar.

El corazón humillado es: /*shabar leb*/ *es roto en pedazos, reventado, desgajado, deshecho, despedazado, destruido, fracturado, molido.*

2. UN CORAZÓN LIMPIO: /*tahowr leb*/

Crea en mí, oh Dios, un corazón limpio, Y renueva un espíritu recto dentro de mí. Salmo 51:10

El corazón limpio es /*tahowr leb*/ y tiene que ver con una limpieza como la del sacrificio de los animales; un corazón puro y limpio física, moral y éticamente. También quiere decir sano, brillante, no adulterado.

3. UN CORAZÓN PURO /*bar leb*/

¿Quién subirá al monte de Jehová? ¿Y quién estará en su lugar santo?* [4] *El limpio de manos y puro de corazón; El que no ha elevado su alma a cosas vanas, Ni jurado con engaño. Salmo 24:3-4

El corazón /*bar leb*/ es aquel que nos permitirá estar delante de la presencia de Dios. Es un corazón amado, puro, vacío, limpio, escogido.

4. UN CORAZÓN NUEVO /*chadash leb*/

Os daré corazón nuevo, y pondré espíritu nuevo dentro de vosotros; y quitaré de vuestra carne el corazón de piedra, y os daré un corazón de carne. Ezequiel 36:26

El corazón nuevo es /chadash leb/ y tiene que ver con ser nuevo, reconstruido, rejuvenecido, reparado, restaurado y fresco.

5. CORAZÓN SABIO Y ENTENDIDO /hakam biyn leb/

Y le dijo Dios (a Salomón): Porque has demandado esto, y no pediste para ti muchos días, ni pediste para ti riquezas, ni pediste la vida de tus enemigos, sino que demandaste para ti inteligencia para oír juicio, 12 he aquí lo he hecho conforme a tus palabras; he aquí que te he dado corazón sabio y entendido, tanto que no ha habido antes de ti otro como tú, ni después de ti se levantará otro como tú. 1 Reyes 3:11-12

Un **corazón sabio** como el que el Señor le dio a Salomón es /chakam leb/ en hebreo, y quiere decir una persona hábil en el trabajo técnico, racional en la administración, astuta, sutil y prudente. También tiene que ver con alguien muy racional ética y religiosamente.

El **corazón entendido** es /biyn leb/ de acuerdo al original hebreo, es esa capacidad dada por Dios para separar mentalmente o distinguir las cosas. Es aquella condición que le da al individuo la habilidad para prestar atención a los detalles, perspicacia, y criterio. Es una persona atenta, discreta, prudente, instruida, y que es apta para enseñar.

6. CORAZÓN LIMPIO /katharos kardia/

Bienaventurados los de limpio corazón, porque ellos verán a Dios. Mateo 5:8

El corazón /katharos kardia/ en griego, es el que nos permitirá ver cara a cara a Dios. Es un corazón limpio y puro físicamente. Es un corazón purificado por el fuego; y que ha sido limpiado por "la poda" del señor para que de buen fruto. El corazón /katharos/ no tiene dentro de sí, deseos corruptos, pecados ni culpas. Es un corazón libre de toda mezcla falsa. Es un corazón sincero y genuino, sin mancha e inocente.

7. CORAZÓN MANSO Y HUMILDE /praos tapeinos kardia/

Venid a mí todos los que estáis trabajados y cargados, y yo os haré descansar Llevad mi yugo sobre vosotros, y aprended de mí, que soy manso y humilde de corazón; y hallaréis descanso para vuestras almas; Mateo 11:28-29

Esta es una característica específica de la personalidad de Cristo, ser manso y humilde de corazón. La palabra manso en griego es /praos/ que quiere decir gentil y apacible. También es amabilidad y dulzura. El corazón humilde es del griego /tapeinos/ que tiene una condición humilde, y es humillado. También es aquel que es quebrantado por dentro. No es una persona altiva, ni sabia en su propia opinión, es modesto, y ha derribado su orgullo, quitándose así toda soberbia de encima.

"con toda humildad y mansedumbre, soportándoos con paciencia los unos a los otros en el amor". Efesios 4:2

Manso es lo opuesto a ser iracundo y áspero. Humilde es lo opuesto a ser orgulloso. Jesús nos invita a todos los que le seguimos, a imitarlo en su sencillez y humildad. Definitivamente sí queremos entrar en el reposo del alma debemos ser como El y pedirle en nuestras oraciones al Señor que nos de este tipo de corazón.

8. CORAZÓN ALEGRE /sameac leb/

El corazón alegre hermosea el rostro; Mas por el dolor del corazón el espíritu se abate. Proverbios 15:13

Este corazón /sameac leb/ es el que permite que mostremos una alegría gozosa y genuina; nos hace sentir contentamiento, gozo, jovialidad, y hace que el rostro se ilumine y tenga el brillo del Señor. Pero mira lo que dice más adelante acerca del dolor del corazón; la palabra dolor es /atstsebeth/ que significa daño, lesión herida, tristeza y hace que el espíritu este abatido; este espíritu abatido es /naka/ que significa golpeado, afectado, afligido y condenado. Es importante diferenciar entre un espíritu abatido y un espíritu quebrantado. Un espíritu quebrantado delante de Dios como lo habíamos estudiado anteriormente, es la palabra /shabar/ que significa literalmente: reventado, derribado, deshecho, desmenuzado, despedazado, molido, y roto; esto quiere decir que es un corazón que busca a Dios humildemente, reconociendo que necesita de Él, y que solo su salvador puede ayudarlo y su Santo Espíritu guiarlo.

El corazón quebrantado es el que tenía David cuando fallo al Señor, y por eso busco ser sanado y restaurado de su pecado en oración y ayuno. Este es el corazón que Dios busca, pues es genuino, apasionado por El y manso.

Pero un espíritu abatido, es completamente diferente. El abatimiento es una carga falsa, impuesta por el enemigo. Un espíritu abatido hace que la persona este angustiada y triste y no encuentre gozo de ninguna manera. Esto pudo ser ocasionado por un dolor, una herida, o una tristeza en el alma, que se ha manifestado en la carne, puede enfermar el cuerpo y tiene cautiva parte de su alma. Si has aceptado a Cristo como tu Salvador personal y continuas triste, es porque en su alma está viviendo ilegalmente un espíritu de abatimiento y se manifiesta en su cuerpo; ese espíritu entro ahí por una puerta que estaba abierta y que nunca se ha cerrado. Ese espíritu se tiene que ir. Y solo el poderoso Nombre de Jesús tiene la autoridad para hacerlo.

9. CORAZÓN QUEBRANTADO
"Me ha enviado....a vendar a los quebrantados de corazón" Isaías 61:b1
El verbo vendar en hebreo es */chabash/* y significa: envolver firmemente como con una compresa, ajustar, atar, ceñir y vendar. El verbo sanar en griego es */Iaomai/* y significa: curar, sanar.

Esta Palabra *vendar* nos acuerda de la parábola del buen Samaritano (Jesucristo mismo) que vendo las heridas del herido con aceite y vino. Es importante recalcar que todos los textos de la Biblia que hablan del verbo vendar se refieren a una acción que solo Dios y su ungido Jesucristo hacían y que ahora le corresponde a la Iglesia ejecutar por medio de la unción y el poder del Espíritu Santo.

El sana a los quebrantados de corazón, Y venda sus heridas. Salmo 147:3

y acercándose, vendó sus heridas, echándoles aceite y vino; y poniéndole en su cabalgadura, lo llevó al mesón, y cuidó de él. Lucas 10:34

Yo buscaré la perdida, y haré volver al redil la descarriada; vendaré la perniquebrada, y fortaleceré la débil; más a la engordada y a la fuerte destruiré; las apacentaré con justicia. Ezequiel 34:16

¿QUIÉNES SON LOS QUEBRANTADOS DE CORAZÓN?

La palabra quebrantado en hebreo es la misma que la palabra humillado y es */shavar/* ya habíamos visto que es roto, deshecho, desgarrado, aplastado y mutilado. En griego es la palabra */Suntribó/* y significa: roto a pedazos. Cristo fue enviado a sanar a los que tienen dañado el corazón, los sentimientos, la voluntad, y el intelecto por causa del pecado. El Señor trae no solo la salvación al alma, sino que restaura todo lo que se encuentra roto y deshecho a pedazos en su ser interior por la iniquidad y el pecado.

Cercano está Jehová a los quebrantados de corazón; Y salva a los contritos de espíritu. Salmo 34:18

En el Reino de Dios, el corazón es el centro de la persona, es decir, su vida interior y espiritual. Dios habla al corazón del hombre porque es allí donde tiene sus raíces, tanto de su carácter como de su personalidad.

TU CORAZÓN ES IMPORTANTE PARA EL SEÑOR:

1. **Porque en el corazón habita Cristo**:

   para que habite Cristo por la fe en vuestros corazones, Efesios 3:17

   Dame, hijo mío, tu corazón, y miren tus ojos por mis caminos. Proverbios 23:26

2. **Porque por el seremos salvos**:

   Que si confesares con tu boca que Jesús es el señor, y si creyeres en tu corazón que Dios le levanto de los muertos serás salvo. Romanos 10:9

3. **Porque de el brota la vida:**

   Sobre toda cosa guardada, guarda tu corazón; Porque de él mana la vida. Proverbios 4:23

4. **Porque en el corazón se siembra la Palabra de Dios**

   El sembrador es el que siembra la palabra. Y éstos son los de junto al camino: en quienes se siembra la palabra, pero después que la oyen, en seguida viene Satanás, y quita la palabra que se sembró en sus corazones Marcos 4:14-15

5. **Porque ahí alabamos y adoramos al Señor:**

   hablando entre vosotros con salmos, con himnos y cánticos espirituales, cantando y alabando al Señor en vuestros corazones. Efesios 5:19.

Recuerda que el primer mandamiento en el Reino de Dios es este:

Amarás al Señor tu Dios con todo tu corazón, y con toda tu alma, y con todas tus fuerzas, y con toda tu mente; y a tu prójimo como a ti mismo. Lucas 10:27

Jesucristo es un Rey, y Él quiere sentarse a gobernar el trono de tu corazón y desde ahí manifestar el Reino en ti.

4

EL CORAZÓN ENDURECIDO

EL ENDURECIMIENTO ESPIRITUAL O ENDURECIMIENTO DEL CORAZÓN

"Si oyereis hoy su voz, No endurezcáis vuestros corazones." Hebreos 4:7

Una de las características de los últimos tiempos será la incertidumbre de la mente que por consiguiente endurece el corazón.

"Entonces muchos se ofenderán, y se traicionaran unos a otros...Y debido al aumento de la iniquidad, el amor de muchos se enfriara" (Mateo 24:10-12 *Traducción literal de la versión en inglés KJV*).

PERO ¿QUÉ SIGNIFICA EL ENDURECIMIENTO DEL CORAZÓN?

Endurecimiento significa insensibilidad y dureza. La Biblia lo define como una callosidad y lo usa con el verbo /poroo/ G# 4456 (que viene de la raíz /poros/) y el sustantivo /porosis/ G#4457. Empecemos por entender el significado de cada una de estas palabras, que el Señor uso para referirse a esta característica especifica del corazón.

1). La primera palabra usada es la raíz griega /poros/, y se refiere a una piedra usada por los griegos para colocar las bases de una construcción, similar al mármol o estalactita. Médicamente se describe como una **piedra de yeso** o un cálculo de la vejiga. Es una piedra. **El corazón endurecido** /poros/, es como un mármol por su dureza y muy difícil de traspasar; es tan duro, como un cálculo que se ha osificado con el tiempo.

2). **La siguiente palabra es el verbo endurecer:** /poroo/. La concordancia Strong lo explica cómo algo que esta petrificado, endurecido, encallecido y embotado. Esta palabra griega es usada para describir como el corazón es cubierto por una piel gruesa que lo endurece y lo cubre. Esto hace que el corazón quede embotado, duro, cruel, y pierda todo poder de comprensión. También significa ceguera e incapacidad para ver con claridad. **El corazón**

endurecido /*poroo*/ está cubierto por una piel gruesa que lo petrifica y enceguece. Esa dura cubierta impide que la revelación de Dios venga a su vida, porque no ve, y no entiende el mundo espiritual.

Jesús supo lo que hablaban, así que les dijo: —¿Por qué discuten por no tener pan? ¿Todavía no saben ni entienden? ¿Tienen el corazón demasiado endurecido para comprenderlo? "Tienen ojos, ¿y no pueden ver? Tienen oídos, ¿y no pueden oír?" ¿No recuerdan nada en absoluto? Marcos 8:17-18 NTV

En esta palabra nos muestra como los discípulos estaban preocupados porque no habían llevado pan para la siguiente jornada con el Señor, olvidándose que El acababa de hacer el milagro de los panes y peces. Otra versión dice: sus corazones estaban ciegos, porque no habían considerado el milagro de los panes. En este caso, podríamos hablar del hombre que está tan indiferente a las maravillas que hace Dios, que toman en poco lo que El hace. Los discípulos debieron haberse sorprendido por la multiplicación de los panes, pero no lo hicieron... Por eso su corazón se endureció más; este es el "corazón *poroo*".

3). **La tercera palabra que se usa para describir el endurecimiento del corazón es** /*porosis*/. Esta palabra sugiere estupidez, encallecimiento, y dureza. Se usa para describir la **callosidad** que se produce en los huesos que se han fracturado. Es un callo de fractura. Cuando una persona se fractura un hueso y no se atiende de inmediato, se forma una callosidad que deforma el hueso, y que sólo con una cirugía se puede arreglar. Los médicos tienen que partir el hueso petrificado, para volverlo acomodar. Esta palabra también se refiere a una sustancia dura en el ojo que lo ciega. **El corazón** /*POROSIS*/ ha perdido entonces, toda facultad para sentir y para ver. Traspasar esa dureza, es muy difícil, es casi como traspasar un hueso o remover la membrana que cegó la visión.

Mis amados hermanos, quiero que entiendan este misterio para que no se vuelvan orgullosos de ustedes mismos. Parte del pueblo de Israel tiene el corazón endurecido, pero eso solo durará hasta que se complete el número de gentiles que aceptarán a Cristo. Romanos 11:25 NTV

Podemos concluir, que la palabra "endurecimiento" sugiere el mismo significado en las distintas expresiones en la que es usada: y es **"callosidad"**. Genéricamente describe:

- Falta de capacidad para sentir o insensibilidad (que vuelve a las personas duras ante el pecado).
- Ceguera espiritual.

- Obstinación y embotamiento (falta de percepción espiritual).

"Sus antepasados se negaron a escuchar este mensaje. Volvieron la espalda tercamente y se taparon los oídos para no oír. Endurecieron su corazón como la piedra para no oír las instrucciones ni los mensajes que el Señor de los Ejércitos Celestiales les había enviado por su Espíritu por medio de los antiguos profetas. Por eso el Señor de los Ejércitos Celestiales se enojó tanto con ellos" Zacarías 7:11-12.NTV

Ahora bien, ¿Qué dijo Jesucristo acerca de esto?

13 Por eso uso estas parábolas: Pues ellos miran, pero en realidad no ven. Oyen, pero en realidad no escuchan ni entienden. »De esa forma, se cumple la profecía de Isaías que dice: "Cuando ustedes oigan lo que digo, no entenderán. Cuando vean lo que hago, no comprenderán.15 Pues el corazón de este pueblo está endurecido, y sus oídos no pueden oír, y han cerrado los ojos, así que sus ojos no pueden ver, y sus oídos no pueden oír, y sus corazones no pueden entender, y no pueden volver a mí para que yo los sane" Mateo 13:13-16 NTV

JESUS SE REMITIÓ A LA PROFECÍA DE ISAÍAS EN LA QUE HABLA QUE DIOS MISMO LES HABÍA ENDURECIDO SUS CORAZONES PORQUE SE HABÍAN NEGADO AL ARREPENTIMIENTO.

Dios le dijo a Isaías (Isaías 6:10-13) que el pueblo oiría, pero no entendería su mensaje porque habían endurecido su corazón más allá del arrepentimiento. La paciencia de Dios con este pueblo que padecía de una profunda rebeldía se agotó por un tiempo y fueron enviados a juicio de cautiverio. Ellos mismos lo propiciaron por su rebeldía que trajo endurecimiento de corazón.

Pero cuando se les dio esta profecía? Antes de ir al cautiverio. A Isaías como profeta se le encomendó una misión difícil: tenía que decirles a las personas que se creían bendecidas por Dios (Israel y el rey Acaz), que Él las iba a destruir debido a su desobediencia. Al no ser escuchada su advertencia ni obedecida, quedaron más **ciegos y endurecidos** que antes. La pregunta ahora es, ¿cuándo oiremos a Dios? El Señor no quiere que tengas que pasar por una calamidad para poder ir a Él con un corazón genuinamente arrepentido. Es mejor oír la voz de Dios y prontamente obedecer.

EL PROCESO DEL ENDURECIMIENTO DEL CORAZÓN

Isaías 6:10 dice: *"endurece el corazón de este pueblo; tápales los oídos y ciérrales los ojos"*. Podemos ver que el **estado de corrupción** del que habla el profeta tiene un orden:

- a) corazón
- b) oídos
- c) y ojos.

Todo lo corrupto proviene del corazón y luego es traspasado a los oídos y los ojos (sentidos espirituales). Cuando un corazón se endurece, inevitablemente hay sordera y ceguera espiritual. Por eso repetidamente el Señor habla de mantener el corazón en buen estado y sobre toda cosa; ¡guardado del mal! Podríamos resumir entonces que endurecer es engruesar el corazón, tapar los oídos, enceguecimiento, de modo que tenga el corazón de piedra. Este estado afectó a todos los hombres, a los paganos, a los israelitas e incluso a los discípulos de Jesús.

Hasta este punto hemos hablado del endurecimiento del corazón, que produce ceguera o sordera de los sentidos espirituales.

CARACTERÍSTICAS DE LAS PERSONAS ENDURECIDAS

- **Oyen pero no escuchan la Palabra de Dios.** O escuchan la Palabra pero no la practican. No les produce ningún efecto en su interior. Se justifican siempre.
- **No quieren orar más.** Te dicen "ya he orado demasiado y nada pasa...."
- **Se dejan de congregar** porque creen que ya saben lo necesario y porque no quieren someterse a una autoridad espiritual. También pueden ser solo visitantes ocasionales de Iglesias pues no quieren ningún tipo de compromiso.
- **Dejan de depender de Dios,** y empiezan a depender de sus fuerzas o conocimientos....
- **No crecen espiritualmente.**
- **No perciben lo que viene de Dios**, porque están sordos espiritualmente. La dureza les cierra los ojos y oídos. Están encallecidos, tiene una dureza que los deja aislados.
- **Pecan una y otra vez** y aunque sienten algo de culpa, esta pasa rápidamente, pues no están genuinamente arrepentidos, sino sólo tienen un leve remordimiento. La callosidad del corazón, la mente y los pensamientos ha levantado una fortaleza, que los hace insensibles a la voz de Dios.
- **Tienen espíritu de crítica.** No ven sus errores sino que los justifican, echándole la culpa a los demás.

- **Son desobedientes.** Escuchan sermón tras sermón en la iglesia, y no se conmueven. No obedecen lo que dice la Palabra de Dios.

En conclusión:

¿CUÁLES SON LAS CARACTERÍSTICAS DE UN CORAZÓN ENDURECIDO?

- No percibe las cosas espirituales, ni entiende la Palabra de Dios.
- No ve el mundo espiritual, porque no oye la voz De Dios.
- No recuerda las enseñanzas bíblicas.

CONSECUENCIAS DEL ENDURECIMIENTO DEL CORAZÓN

"El hombre que, al ser reprendido, se vuelve terco, de repente y sin remedio será quebrantado." Proverbios 29:1. RVR1995

Aquí hay dos palabras muy interesantes para estudiar en este versículo bíblico y son: **reprendido y sin remedio**. Profundicemos en ellas a la luz de la Palabra. Reprendido significa: corregido, probado, amonestado, mientras que la palabra "sin remedio" que es /marpe/ quiere decir, que cuando una persona es corregida o probada por Dios al negarse a recibir esa corrección, queda sin sanidad, liberación, medicina y salvación.

El endurecimiento del corazón, viene después de escuchar repetidos mensajes de parte de Dios; llámese también, correcciones, amonestaciones, llamadas de atención, alertas, y no hacer nada para cambiar su actitud y mal proceder. El problema es que después la dureza es difícil de curar. Este tipo de corazón como lo hemos estudiado antes, esta encallecido por el pecado, es ciego, sordo, no oye, no ve, y no entiende las consecuencias de sus actos pecaminosos. Esto sucedió porque cuando tuvo la oportunidad de arrepentirse no lo hizo. A estas alturas, este corazón está ya inmune a la advertencia del Espíritu Santo, pues ya no oye la voz de Dios.

EL ENDURECIMIENTO VIENE COMO RESULTADO DE RECHAZAR VARIOS AVIZOS DE PARTE DE DIOS. ES UN JUICIO A UN ESTADO DE PECADO REITERATIVO. CUANDO NO HAY ARREPENTIMIENTO GENUINO, SINO JUSTIFICACIÓN A ESE PECADO, VIENE EL ENDURECIMIENTO Y DIOS SE VUELVE EL JUEZ.

En la época de Jeremías; Israel estaba tan endurecido por el pecado que Dios les endureció aún más el corazón. *Los azotaste, y no les dolió; los consumiste, y no quisieron recibir corrección; endurecieron sus rostros más que la piedra, no quisieron convertirse. Jeremías 5:3.*

¿CUÁLES SON LAS CONSECUENCIAS DE PERMANECER CON UN CORAZÓN ENDURECIDO?

- La persona cuyo corazón sea endurecido, caerá en el mal.

"Bienaventurado el hombre que siempre teme a Dios, pero el que endurece su corazón caerá en el mal". Proverbios 28.14

- El quebrantamiento será inevitable.

"El hombre que reprendido endurece la cerviz, de repente será quebrantado y no habrá para el medicina". Proverbios 29.1

¿CÓMO SER LIBRE DE UN CORAZÓN ENDURECIDO O DE PIEDRA?

- Reconociendo el problema.

- Perdonando y pidiendo perdón.

- Renunciando a los mecanismos de defensa que se han levantado.

- Permitiendo que el Espíritu Santo sane las heridas, nos cambie el corazón de piedra, nos dé un corazón nuevo y nos llene por completo.

...cuando alguien se vuelve al Señor, el velo es quitado. [17] Pues el Señor es el Espíritu, y donde está el Espíritu del Señor, allí hay libertad. 2 Corintios 3:16-17 NTV

No esperemos más, el tiempo se agota, no esperemos más para arrepentirnos y acercarnos al buen Dios; Él es bueno, es un Dios de amor y misericordia, y aunque a veces por los problemas que han endurecido nuestro corazón no podamos oír Su voz, Dios nos ama y permanece pendiente de nosotros.

...Además, os daré un corazón nuevo y pondré un espíritu nuevo dentro de vosotros; quitaré de vuestra carne el corazón de piedra y os daré un corazón de carne. Ezequiel 36:26 LBLA

5

TIEMPO DE DESPERTAR ESPIRITUAL

Espíritu de Estupor

Hasta aquí hemos estudiado por qué un corazón se endurece tanto que ya no escucha la voz de Dios. El endurecimiento se menciona por primera vez en la Biblia en Deuteronomio 10:16 (***"circuncidad, pues, el prepucio de vuestro corazón, y no endurezcáis más vuestra cerviz".***) Luego Isaías fue quien lo declaro sobre Israel (Isaías 6:10) después fue retomado por Jesucristo (Mateo 13:13-16) y más adelante lo trae a memoria el Apóstol Pablo, cuando hablo específicamente del **espíritu del estupor.**

*...**"como está escrito: Dios les dio espíritu de estupor, ojos con que no vean y oídos con que no oigan, hasta el día de hoy". Romanos 11:8***

Después del endurecimiento del corazón que trae sordera y ceguera espiritual, el espíritu del hombre cae en "estupor", o insensibilidad y viene antes del adormecimiento o muerte espiritual. Esto tiene que ver con una persona que esta tan aletargado e insensible que no se afecta o se conmueve en lo absoluto, por la oferta de la salvación que viene a través de Jesucristo.

¿QUÉ SIGNIFICA ESTUPOR?

La Palabra **estupor** en el original griego, es la Palabra /katánuxis/ y es como un escozor o picazón que da la sensación de hormigueo; previo a cuando las extremidades se duermen. Es un letargo espiritual y torpeza en la mente. El estupor siempre trae indiferencia y apatía a las cosas de Dios. Es enfriamiento y pasividad espiritual. El diccionario Strong lo traduce como **letargo.** Es el espíritu del hombre en estado de estupor.

- La Biblia NTV dice: *«Dios los hizo caer en un sueño profundo*
- Y la Biblia Latinoamericana y Jerusalén dice*: espíritu de embotamiento*
- La Biblia Pechita dice: *Dios les dio espíritu turbado*

Podemos ver que en las diferentes traducciones bíblicas estupor quiere decir: "sueño profundo, espíritu insensible, espíritu embotado, espíritu turbado".

El abrir la puerta a la rebelión, la desobediencia, pero sobre todo a la incredulidad, "el dios de este siglo" tiene el permiso legal de colocar un velo que oscurece o enceguece el entendimiento espiritual para que les sea imposible contemplar la gloria de Cristo.

"en los cuales el dios de este siglo cegó el entendimiento de los incrédulos, para que no les resplandezca la luz del evangelio de la gloria de Cristo, el cual es la imagen de Dios." 2 Corintios 4:4

El dios de este siglo es según Efesios 2:2 *"el príncipe de la potestad del aire, el espíritu que ahora obra en los hijos de desobediencia"...el cual es el que se sigue en el mundo.*

Estos velos espirituales (mantos de tinieblas y vendas mágicas) se intensificaran al final de los tiempos y serán tirados por Satanás y sus demonios, para alejar a los hombres de Dios y llevarlos adorarle a él.

¿CUÁLES SON LOS SIGNOS QUE EL ESPIRITU DE UNA PERSONA A CAÍDO EN ESTUPOR?

1. Viven dormidos espiritualmente.
2. Su mente siempre esta turbada, embotada, o es torpe. No les queda fácil tomar decisiones claras y coherentes.
3. Son espiritualmente pasivos.
4. Están cansados y fatigados espiritualmente.
5. Como sus emociones están en estado de letargo espiritual, no oyen, no ven y no entienden nada.
6. Indiferencia total a lo que dice Dios y Su Palabra.

¿CIENTÍFICAMENTE QUE ES EL ESTUPOR?

Las personas que son afectadas médicamente bajo el síndrome del estupor se quedan aturdidas o pasmadas. El estupor trae un deterioro en el estado de alerta en una persona. El estupor médicamente es descrito como algo que produce confusión mental, *letargo* y *somnolencia*.

Una persona queda en estupor cuando queda medio dormida y tiene respuestas muy pobres a estímulos externos. Es un estado mental en el que hay una pérdida parcial de la conciencia, y únicamente los pacientes responden por estímulos dolorosos muy enérgicos; el estupor antecede al estado de coma o muerte cerebral.

¿QUÉ DICE LA CIENCIA, DE COMO SE ALTERA LA CONCIENCIA EN UNA PERSONA?

1. **Confusión**. Es incapaz de pensar con la claridad y rapidez habitual de siempre. Pasa de un periodo de irritabilidad a otro de somnolencia.

2. **2. Estupor**. En este estado la capacidad mental y física se hallan reducidos al mínimo. El paciente se despierta solo con estímulos vigorosos y repetitivos y las respuestas son lentas e incoherentes.

3. **3. Coma o muerte cerebral**. Aparece como dormido y es incapaz de sentir o despertarse. No puede moverse por sí mismo. Está completamente inconsciente.

¿CÓMO SE ASEMEJA ESTO EN EL MUNDO ESPIRITUAL?

De la misma manera que en lo natural; este es el ataque del enemigo sobre estos últimos tiempos y viene sobre el alma del ser humano (mente y emociones), pero su **finalidad es adormecer el espíritu del hombre.**

¿Cómo empieza? De la misma manera que en lo físico. Primero viene la confusión, después el estupor y por el último el sueño profundo o la muerte espiritual. La persona está viva físicamente, pero desconectada espiritualmente de Dios y su presencia. No oye, no ve y no entiende. Está completamente dormida.

¡ESTE ES UN TIEMPO DE DESPERTAR ESPIRITUAL!

Y esto, conociendo el tiempo, que es ya hora de levantarnos del sueño; porque ahora está más cerca de nosotros nuestra salvación que cuando creímos. Romanos 13:11

Solo Cristo puede quitar los velos de incredulidad y el endurecimiento espiritual. Solo Jesús puede abrir los ojos de los ciegos y los oídos de todo aquel que vuelve sus ojos a él y quiere ser restaurado. Sólo el Señor puede despertar a los que están dormidos en el sueño profundo y resucitar al que está muerto espiritualmente.

JESUCRISTO TIENEN LA UNCION DE DESPERTAR, ESPIRITUS DEL SUEÑO PROFUNDO.

- ***Espíritu de sueño.*** (Isaías 29:10,13-15, 18)

10 Porque Jehová derramo sobre vosotros espíritu de sueño, y cerró los ojos de vuestros profetas y puso velo en la cabeza de vuestros videntes...y os será toda visión como palabras de libro sellado, el cual si dieren al que sabe leer, y le dijeren: lee ahora esto; el dirá: no puedo, porque esta sellado.

*13 **dice pues el Señor: porque este pueblo se acerca a mí con su boca, y con sus labios me honra, pero su corazón está lejos de mí, y su temor de mí, no es más que un mandamiento de hombres que les ha sido enseñado...***

La ceguera y sordera espiritual que viene por un endurecimiento del corazón trae como consecuencia un espíritu de sueño. Cuando se rechaza la Palabra de Dios, y se cae bajo un estupor espiritual, puede ser que se anhele ver y experimentar la presencia de Dios, pero no se puede acceder a eso, porque esta aturdido o embotado espiritualmente; alejado de todo lo que Dios habla o dice.

¡DIOS NOS MANDA A DESPERTARNOS DEL SUEÑO!

Pablo dice que justo antes de que venga el Mesías vendrá un gran sueño sobre los creyentes...

Y esto, conociendo el tiempo, que es ya hora de levantarnos del sueño; porque ahora está más cerca de nosotros nuestra salvación que cuando creímos. Romanos 13:11

*14 **Por lo cual dice: Despiértate, tú que duermes, Y levántate de los muertos, Y te alumbrará Cristo Efesios 5:14***

El Apóstol nos anima... ¡Despiértate! No sean vírgenes durmientes. Sean sabios, y manténganse vigilantes por el regreso del Señor.

*9 **Proclamad esto entre las naciones, proclamad guerra, despertad a los valientes, acérquense, vengan todos los hombres de guerra. Joel 3:9***

Este es el tiempo de despertar e interceder proféticamente por aquellos que están durmiendo el sueño profundo del estupor espiritual...

*4 **Me dijo entonces: Profetiza sobre estos huesos, y diles: Huesos secos, oíd palabra de Jehová. 5 Así ha dicho Jehová el Señor a estos huesos: He aquí, yo hago entrar espíritu en vosotros, y viviréis. Ezequiel 37: 4-5***

Aquí vemos que el profeta, profetizó y habló al espíritu de los hombres, era su espíritu el que había caído en una sequedad y muerte espiritual.

Y me dijo: Profetiza al espíritu, profetiza, hijo de hombre, y di al espíritu: Así ha dicho Jehová el Señor: Espíritu, ven de los cuatro vientos, y sopla sobre estos muertos, y vivirán. ¹⁰ Y profeticé como me había mandado, y entró espíritu en ellos, y vivieron, y estuvieron sobre sus pies; un ejército grande en extremo. Ezequiel 37: 9-10

Dios es el que despierta nuestro espíritu, el corazón de los valientes y el de todos aquellos que estar destinados por Él para hacer cosas grandes y levantar los muros caídos.

*²⁶ Yo, el que **despierta la palabra de su siervo,** y cumple el consejo de sus mensajeros; que dice a Jerusalén: Serás habitada; y a las ciudades de Judá: Reconstruidas serán, y sus ruinas reedificaré; ²⁷ que dice a las profundidades: Secaos, y tus ríos haré secar; ²⁸ que dice de Ciro: Es mi pastor, y cumplirá todo lo que yo quiero, al decir a Jerusalén: Serás edificada; y al templo: Serás fundado. **Isaías 44: 26-28***

¿PORQUÉ DIOS DESPERTÓ EL ESPÍRITU DE CIRO?

Para que se cumpliese la palabra hablada por el profeta Jeremías, "...*despertó Jehová el espíritu de Ciro*". (Esdras 1)

*"Porque así dijo Jehová: Cuando en Babilonia se cumplan setenta años, yo os visitare, y **despertare sobre vosotros mi buena palabra, para haceros volver a este lugar**: Porque yo se los pensamientos que tengo acerca de vosotros, dice Jehová, pensamientos de paz, y no de mal, para daros el fin que esperáis." Jeremías 29:10-11.*

Si el espíritu de Ciro fue despertado, es porque estaba dormido espiritualmente. Hasta ese momento su espíritu no estaba habilitado para hacer lo que tenía que hacer, solo hasta que se cumpliera el tiempo profético. Había una Palabra dada a Ciro, antes de que el naciera 210 años atrás, que tendría su cumplimiento justo en el momento oportuno, no antes ni después. Dios tomo de la mano a Ciro, y dicen los historiadores que lo llevo durante 10 años, conquistando batallas de victoria en victoria. Pasaron muchos años hasta que el Señor le entrego Babilonia. Él lo fue preparando.

EL ESPÍRITU DE CIRO SE DESPERTÓ CUANDO LLEGO EL TIEMPO DEL CUMPLIMIENTO PROFÉTICO.

Hay palabra que ha sido hablada a nuestra vida, palabras que tienen un cumplimiento en el calendario profético de Dios. El Señor había dicho que la cautividad iba a durar 70 años, pero esa Palabra no se había cumplido hasta que no llego el tiempo señalado; y cuando ese momento llego, Dios despertó el espíritu de Ciro quien sería el libertador escogido para hacerlo. Dios escogió a un Rey Persa para libertar de la cautividad Babilónica a Israel. El tiempo señalado por Dios va más allá de los planes del hombre; es como si Él se levantara de su trono y dijera: *"llego el tiempo de liberación, llego el tiempo del despertar, llego el tiempo en que la esclavitud del sistema termine sobre un pueblo, o una nación".*

La palabra Avivamiento, es un término que describe el proceso del despertar espiritual en un lugar, y se define como "una acción iniciada por Dios, en la que los creyentes oran, se arrepienten de sus pecados, y vuelven a una relación santa, llena del espíritu, obediente y amorosa con Dios".

EL VERDADERO AVIVAMIENTO EMPIEZA CON UN ARREPENTIMIENTO DE CORAZÓN.

Si tu anhelas ser despertado por Dios este es el tiempo de clamar al Espíritu Santo para que traiga un mover espiritual sobre tu vida. Si tú clamas que el soplo del Espíritu venga a encender el altar de tu corazón y el fuego se avive en ti, tenlo por seguro que tu oración será contestada. No esperes que pase algo extraordinario para volver al primer amor, ni que otros vengan a orar por ti para que algo nuevo acontezca en tu vida; esta búsqueda es personal pues Él lo que está mirando es el anhelo de tu corazón para conocerlo más y recibir de El la revelación de su presencia que vienen por estar tiempo de intimidad a su lado. No dejes pasar más tiempo; que sea este el día de despertar del sueño espiritual y anhelar que Jesucristo quite los velos que hasta el momento te habían impedido verlo y conocerlo en toda la manifestación de su gloria.

En este tiempo Dios mismo sacude la inercia, el sopor, el sueño, el acomodamiento y despierta a sus escogidos para manifestar su gloria, su presencia y su poder.

6

DEVOLVIENDO LA VISTA Y DESTAPANDO LOS OIDOS

(2da. Parte . La Preparación de la Novia)

"En aquel tiempo los sordos oirán las palabras del libro, y los ojos de los ciegos verán en medio de la oscuridad y de las tinieblas. Isaías 29: 18

1. JESUCRISTO FUE ENVIADO A DAR VISTA A LOS CIEGOS ESPIRITUALES

- *Isaías 42: 7* *"para que abras los ojos de los **ciegos**, para que saques de la cárcel a los presos, y de casas de prisión a los que moran en tinieblas".*

- *Lucas 4:18* *"El Espíritu del Señor está sobre mí, Por cuanto me ha ungido para dar buenas nuevas a los pobres; Me ha enviado a sanar a los quebrantados de corazón; A pregonar libertad a los cautivos, **Y vista a los ciegos**...."*

Una persona ciega espiritualmente, puede ser alguien que veamos sentada en la iglesia y que aunque tenga algo de conocimiento de la Palabra de Dios en su mente, no tiene vida dentro de su espíritu. Un ciego espiritual no conoce nada del Espíritu Santo y por lo tanto Dios no le ha dejado una huella en su alma. Un ciego espiritual es aquel que parece ser muy intelectual (como Saulo) pero le falta la "revelación de los ojos abiertos".

La palabra enceguecer viene de una raíz griega que es /tuglos/ y quiere decir que todo se ve opaco; como nublado. La analogía aquí es ciego mentalmente, y es la palabra /noema/ y tiene que ver con que la mente queda enceguecida a la percepción y el propósito de Dios.

Vamos palpando la pared como los ciegos, andamos a tientas como los que no tienen ojos. En pleno mediodía tropezamos como si fuera de noche; teniendo fuerzas, estamos como muertos. Isaías 59:10 BDLA

Una persona ciega no ve por dónde camina y en la mayoría de los casos hay que tomarla de la mano para ser guiada. Es como el preso que esta cautivo, y no puede salir por sí mismo; hay que ir y sacarlo de la cárcel. Así hay muchas personas, que llevan muchos años asistiendo a la Iglesia, pero todavía no se les ha revelado Jesucristo.

Muchos han estado viendo por mucho tiempo sombras y bultos en su caminar espiritual. Ellos no han podido ver con mucha claridad. La revelación de Jesucristo no está todavía muy clara sobre sus vidas. Dios nos manda a soltar a los cautivos y libertarlos para que ellos puedan ver. El poder de la liberación de Jesucristo se tiene que soltar sobre los ojos enceguecidos para que puedan ver y recibir la vista. Ellos necesitan tener un encuentro con Jesucristo, para saber cuál es el propósito de sus vidas.

28 El Señor te castigará con locura, ceguera y pánico. 29 Andarás a tientas a plena luz del día como un ciego que palpa en la oscuridad pero no encontrarás la senda. Te oprimirán y te asaltarán constantemente, y nadie vendrá en tu ayuda. Deuteronomio 28:28-29 NTV

Hay maldiciones generacionales que aún están activas porque muchos todavía no han sido libres. Dios nos manda abrir los ojos de los ciegos y a sacar de las cárceles de prisión a los que moran en tinieblas. Esta palabra ceguera es la raíz hebrea */avar/* y se refiere a *una película sobre los ojos para impedir que vea claramente*. Estas maldiciones de las que se habla aquí (ceguera, pánico o "turbación de espíritu", y locura) están sobre el mundo, sin embargo, por la unción de libertad de Jesucristo, los que están cautivos de ceguera, enfermedades mentales y espíritus turbados, tienen que ser libres; alguien debe interceder por ellos y liberarlos, ¡en el poderoso Nombre de Jesús!

JESUCRISTO VIENE ABRIR LOS OJOS DEL ESPÍRITU Y ALUMBRAR LOS OJOS DEL ENTENDIMIENTO

En el tiempo de Dios dispuesto para visitar cada persona o nación; Dios despierta el espíritu del hombre y tiene un encuentro con él. Eso le paso a Pablo con Jesucristo, cuando este se encontró con el Señor. Fue tan grande el resplandor de su presencia, que cayó del caballo, quedando ciego. Jesucristo le "abrió" los ojos de su espíritu porque estos estaban "alumbrados". Pablo estaba bajo un espíritu de estupor; él tenía mucho conocimiento pero no tenía dentro de él la vida del Espíritu Santo. El mismo Señor, tuvo que venir a visitarlo, para "abrirle los ojos", y quitarle el velo que le impedía conocerlo para recibirlo como el Mesías.

La Biblia narra en Hechos 9 que Pablo pronunciaba amenazas contra los cristianos y estaba ansioso por matarlos. Pidió cartas a las sinagogas de Damasco para arrestar a los creyentes y llevarlos encadenados a Jerusalén. Pero cuando estaba llegando a Damasco, *"una luz del cielo de repente brillo alrededor de él"* Pablo cayó al suelo y cuando se levantó quedo completamente ciego durante tres días.

El resplandor del que habla la Biblia venía acompañado con rayos y de una voz que le decía *"Yo soy Jesús a quien tu persigues"*. Este encuentro permitió que se le cayeran las escamas de los ojos y Pablo lo viera con los ojos del espíritu. A Pablo se le dio la revelación de Jesucristo, en el tiempo señalado.

En la Biblia encontramos más referencias de cómo Jesucristo *"abrió los ojos a los ciegos…"* Jesucristo no solo abrió los ojos físicos de los ciegos sino que abrió los ojos del entendimiento a todos aquellos que pusieron su fe y su confianza en El. Hay algo en este tema de *"dar vista a los ciegos"*, que hizo que fuera mencionado muchas veces en los evangelio; alrededor de nueve veces. Miremos alguno de estos ejemplos:

- El ciego de Betsaida al que Jesús le escupió los ojos y le puso las manos encima, y veía al principio los hombres como árboles y después de ponerle las manos por segunda vez, veía claramente. **Marcos 8: 22-26.**

- Jesús sano a un ciego de nacimiento, escupiendo la tierra y haciendo un lodo con su saliva y untándoselo en los ojos; después que lo mando a lavarse al estanque de Siloe, regreso viendo. **Juan 9:1**

- El ciego Bartimeo de Jericó, que estaba sentado junto al camino mendigando, y que cuando oyó que Jesús pasaba por ahí, empezó a llamarlo… Jesús lo llamo, y el ciego fue hacia donde El arrojando su capa, y pidiéndole recobrar la vista. Por su fe, fue sano. **Marcos 10:46**

Hablemos de las características de estos "ciegos", que llamaron la atención del Señor. La mayoría de ellos fue tras El, buscando con desesperación un milagro sobre sus vidas. Recordemos que Israel llevaba muchos años sin profetas y la noticia de Jesús con su ministerio de milagros y sanidades se había esparcido por toda la región. Las personas ciegas al estar discapacitadas no podían trabajar, por lo tanto eran pobres y recurrían a la mendicidad.

El ciego Bartimeo era de aquellos que vivía de las limosnas para poder sobrevivir; él estaba en Jericó, ciudad por donde debía pasar Jesús antes de su llegada a Jerusalén para celebrar la pascua, e ir a la cruz. Cuando Bartimeo se dio cuenta que Jesús se encontraba ahí, empezó a "dar voces" para llamar su atención y que no se le pasara esta oportunidad, que podía ser la última de su vida.

"Y oyendo que era Jesús nazareno, comenzó a dar voces y a decir: ¡¡Jesús, Hijo de David, ten misericordia de mí!" Marcos 10:47

Bartimeo no dejo de clamar para que Jesús viniera a su encuentro y lo sanara:

"Y muchos le reprendían para que callase, pero él clamaba mucho más: !!Hijo de David, ten misericordia de mí!" Marcos 10:48

Aquí vemos varios puntos importantes que son necesarios resaltar:

- Bartimeo, escucho que en Jericó -la ciudad despreciada-, estaba pasando el único que podía sacarlo de su problema. Es decir, no importa en qué lugar y en que condición de pobreza, enfermedad, o abandono, te encuentres; Jesús va a donde quiera que haya una necesidad.

- Bartimeo no se quedó postrado, dejando pasar esta oportunidad maravillosa. Dice la Biblia que empezó a clamar y a llamar a Jesús con desespero y no se detuvo hasta que logro llamar su atención. Si tú clamas, Dios va a responder tu llamado. *"Clama a mí y yo te responderé..."*Jeremías 33:3

- Bartimeo, tuvo más revelación que los religiosos de la época en reconocer que Jesús era el Mesías prometido. Qué paradoja tan grande, un ciego que no podía ver las obras de Jesús, recibía por convicción a su espíritu, que el Mesías anhelado había llegado. Por eso cuando lo llama haciendo memoria del pacto y reconociendo su deidad al pedir misericordia; Jesús volteo a mirarlo: *"Hijo de David, ten misericordia de mí!",* y ahí fue sanado por la fe que vio en El.

No dejes de clamar a Dios para que El venga sobre tu vida, y te saque del lugar espiritual donde te encuentres. Si tú clamas a Jesús como lo hizo Bartimeo, a quien no le importo lo que los demás dijeran y lo buscas con fe, y tienes en tu corazón la convicción que Él es el Único que puede sanarte y restaurarte, vas a recibir de Jesucristo tu milagro.

Pídele a Jesús que se revele a tu vida, y lo puedas conocer de manera personal. Dile que abra los ojos de tu entendimiento para que puedas crecer en el conocimiento de Dios y que su luz inunde tu corazón, para que puedas así entender cuál es la esperanza para todo aquel que ha sido llamado para servirlo y amarlo con todo su corazón.

Si hasta ahora, solo habías visto a Jesús de una forma muy borrosa y con poca claridad espiritual, este es el tiempo de encontrarte con el dador de la vida y clamar a Él con desespero. Así como Bartimeo entendió que ese día, era la última oportunidad de encontrase con Jesús, pues El nunca volvería a pasar por Jericó, así mismo Dios te está llamando para que salgas de tu comodidad y los busques con desesperación para que El venga a tu vida, y abra tus ojos y lo puedas conocer.

CUANDO LOS OÍDOS Y LOS OJOS SE ABREN EMPEZAMOS A ENTENDER LA REVELACIÓN DE JESUCRISTO.

2. JESUCRISTO FUE ENVIADO A DESTAPAR LOS OIDOS DE LOS SORDOS ESPIRITUALES

Isaías 35:5 *"Y cuando El venga, abrirá los ojos de los ciegos y destapará los oídos de los sordos…"*

Isaías 29:18 *en aquel tiempo los sordos oirán las palabras del libro, y los ojos de los ciegos verán en medio de la oscuridad y las tinieblas….*

Estamos en un tiempo especial en el que la unción de Jesucristo será desatada con mayor fuerza y poder para que todos aquellos que tienen cautivos sus sentidos espirituales sean liberados, y los oídos "oigan" la voz de Su amado.

El hombre fue diseñado para oír la voz de Dios y la fe viene por el "oír" Su Palabra. Por eso los oídos tienen que ser abiertos por Jesucristo para *"oír con revelación"*. No se puede tener fe sino se oye. Oír la voz de Dios y Su Palabra produce fe. Cuando no se oye la voz de Dios, se empiezan a oír "voces extrañas" como le ocurrió a Eva en el huerto del Edén. Al dejar de oír la voz de Dios se cae en el error y se es fácilmente preso del pecado.

Jeremías 6:10 *¿A quién puedo advertir? ¿Quién escuchará cuando yo hable? Tienen sordos los oídos y no pueden oír. Ellos desprecian la palabra del Señor. No quieren escuchar para nada.*

Maldiciones por no oír

En la Biblia se encuentran una serie de maldiciones para todos aquellos que no escuchan ni obedecen la voz de Dios.

1. Maldiciones de desobediencia por no oír la voz de Dios

Cuando Adán y Eva vivían en el huerto tenían todo, ahí no había pobreza. Dios se los había entregado. Mientras ellos obedecían a Dios tenían TODO lo que necesitaban. Cuando Adán desobedeció entro en maldición a causa del pecado.

Cuando Adán desobedeció, Dios tuvo que declarar juicio; el pecado y la desobediencia hacen que Dios pronuncie una maldición que cayó sobre la tierra a consecuencia del pecado del hombre.

2. Maldiciones de enfermedades físicas, mentales y espirituales

Levítico 26: 14- 17 *"**si no me escuchan** ni obedecen todos estos mandatos, ¹⁵ y si rompen mi pacto al rechazar mis decretos, al tratar mis ordenanzas con desprecio y al rehusar obedecer **mis mandatos,** ¹⁶ **yo los castigaré. Traeré sobre ustedes:***

a. Terrores repentinos

(Expertos bíblicos dicen que es epilepsia- antiguamente le llamaban "la enfermedad de las caídas)

b. Enfermedades debilitantes y altas fiebres que harán que sus ojos fallen y que su vida se consuma poco a poco.

(Tuberculosis – la septuaginta les llama a la enfermedad de los ojos que aquí se refiere a la ictericia- ojos amarillos por exceso de la bilirrubina)

c. Pobreza

Sembrarán sus cosechas en vano porque sus enemigos se las comerán.

d. Cautiverio

Me volveré contra ustedes, y sus enemigos los derrotarán. Aquellos quienes los odian los gobernarán, y ustedes huirán, ¡aun cuando nadie los esté persiguiendo!

LA SANGRE DE JESÚS NOS REDIME DEL PECADO DE LA MALDICIÓN

— Nosotros hemos sido redimidos; rescatados por Jesús en la cruz.
— Redimir es volver al estado original que Dios había creado para nosotros.
— Hay un antes y después del pecado. Hay una diferencia demarcada por Dios. Lo que nos da la capacidad de haber sido redimidos pro Cristo es la sangre de Jesús.

LA UNCION DE JESUCRISTO DESTAPA LOS OIDOS PARA OIR LA VOZ DE DIOS Y PODER TENER FE EN EL

Marcos 7:37 *Quedaron completamente asombrados y decían una y otra vez: «Todo lo que él hace es maravilloso. Hasta hace oír a los **sordo**s y da la capacidad de hablar al que no puede hacerlo».*

Hay una historia maravillosa que relata uno de esos milagros maravillosos de cómo Jesús sano a un sordo que tenía también un defecto del habla

Marcos 7:33-35 *"Jesús lo llevó aparte de la multitud para poder estar a solas con él. Metió sus dedos en los oídos del hombre. Después escupió sobre sus propios dedos y tocó la lengua del hombre. ³⁴ Mirando al cielo, suspiró y dijo: «Efatá», que significa*

«¡Ábranse!». *35 Al instante el hombre pudo oír perfectamente bien y se le desató la lengua, de modo que hablaba con total claridad."*

La unción *"Efata"* de abrir oídos de sordos está viniendo sobre la iglesia para oír la Voz de Dios y despertar del sueño profundo a todo aquel que ha caído en pecado y por consiguiente muerte espiritual, por haber perdido el regalo de oír su voz y por medio de eso tener fe.

Job 36:10-11

Despierta además el oído de ellos para la corrección, Y les dice que se conviertan de la iniquidad. 11 Si oyeren, y le sirvieren, Acabarán sus días en bienestar, Y sus años en dicha.

La bendición del creyente es escuchar, recibir su palabra y creerle a Dios.

DESPERTANDO EL CORAZON DE LA NOVIA

Mi corazón te ha oído decir: «Ven y conversa conmigo». Y mi corazón responde: «Aquí vengo, Señor ». Salmos 27:8 NLT

En esta Palabra vemos que el Señor quiere hablar con nosotros. Aquí dice..."*mi corazón te ha oído decir*"....y... "*mi corazón te responde*"...Dios evidentemente quiere que estemos con Él, hablemos con Él y nos deleitemos con Él: de corazón a corazón. Esto es intimidad, por eso hay comunicación.

En cantares leemos una hermosa y conmovedora historia de amor. Para muchos es la historia íntima entre un hombre y una mujer; su amor, noviazgo y matrimonio. Algunos lo ven como un poema que representa el diálogo entre una sencilla doncella judía y su amado Salomón; pero su significado es más profético de lo que pensamos, porque también representa la relación de Cristo con su Iglesia.

En esta historia encontramos dos personajes bíblicos: El rey Salomón y una mujer de Sunem. Ambos describen lo que el uno siente por el otro y su anhelo de estar juntos. En lo personal lo veo como el anhelo de Jesús "El Amado" por estar con su Iglesia (tú y yo) en intimidad.

DOS PERSONAJES:

- **El rey Salomón (el Amado).** Su nombre significa paz. La raíz de su nombre es /shalam/ H7799. Estar en paz, ser pacífico, vivir en pacto de paz, estar completo, sano, ileso, seguridad, restaurado, remunerado, recompensado, realizado, ser reembolsado.

- **La doncella, la joven de Sulam (la Sulamita)-** figura de la Iglesia. Su nombre significa "perfección, paz y pacífica". La raíz de su nombre es la palabra /shalam/ H7999. La misma palabra de Salomón. Es está seguro y completo en cuerpo, alma y mente. Es ser bendecido y próspero. Ambos eran uno. Estaban unidos en mente, en cuerpo y espíritu. Eran uno solo como lo es Cristo con la Iglesia.

- **Lugar: Sulam,** una comunidad de agricultores ubicada a 100 km al norte, en Jerusalén.

Haciendo una búsqueda del contexto histórico en el que se desarrolló esta historia, podemos ver que gran parte de ella, ocurrió en un huerto de Sulam y en el palacio del rey. Salomón visitaba con frecuencia las diferentes partes de su reino. Historiadores relatan, que un día mientras el visitaba sus viñedos reales en el norte; su séquito tropezó con una hermosa campesina que atendía las viñas. Ella, avergonzada, salió corriendo. Pero Salomón no la pudo olvidar. Más tarde, disfrazado como Pastor, regreso a los viñedos y conquistó su amor.

EL REY QUEDO FLECHADO CON LA BELLEZA DE LA SUNAMITA.

En ese momento él le reveló su verdadera identidad y le pidió que lo acompañara a Jerusalén. Así es como empieza la historia en el primer capítulo de Cantares, una boda que se celebra en el palacio.

Otra historia de amor

Miremos también la historia de Esther y el rey Asuero; ella logro cautivar la atención del rey y pasar por encima de 1459 candidatas. Se necesitaba más que una belleza externa para cautivar un rey y que la hiciera su esposa. Él pudo escoger a Esther para que fuera una concubina más, pero Asuero la tomo por esposa. Los reyes persas por ejemplo, buscaban sus esposas entre las familias reales o en medio de las familias de los siete consejeros del rey. Pero Esther era otra campesina judía, una extranjera que no nació de la nobleza. No tenía nada a su favor, al igual que la Sunamita. Pero ambas tenían "algo especial" que les permitió ganarse el corazón del rey a pesar de los prejuicios de las tradiciones Judías y Persas. Ambas tenían "el favor de Dios y la gracia del Señor que las adornaba y las hacía diferentes a todas las demás". Y justo eso es lo que debemos buscar en Dios.

Volvamos a la Sunamita. (Cantares 5:2)

*"**Yo dormía** (#h3463 /YASHEN/estar adormilado) , **pero mi corazón velaba** (H#5782 /UR/ ojos abiertos y despiertos) ¡**Una voz**(/H6963/COL/llamar en voz alta;!*

*alarido, alboroto, alzar la voz, estrépito, estruendo, gemir, gritar) **Mi amado toca** (golpea una puerta severamente) **a la puerta!** "**Ábreme** (abierto de par en par), **hermana mía, amada mía, paloma mía, perfecta mía.**"*

Pero yo le respondí: «Me he quitado el vestido, ¿por qué debería vestirme otra vez? He lavado mis pies, ¿por qué debería ensuciarlos?». Cantar de los Cantares 5:3.

¡Cuantas bendiciones como pueblo de Dios podemos perder por no escuchar la voz de Dios cuando Él llama! En este pasaje vemos al novio a la media noche llamando a la puerta de su prometida; ella oye, pero por pereza, no la deja sacudirse de su semi inconsciente sueño, ella no pudo despertarse del sopor.

¿QUÉ ENCONTRAMOS AQUÍ?

1. **Ella estaba dormida.** La Biblia dice "*yo dormía pero mi corazón velaba*". Ella no estaba muerta, pero estaba dormida. Hay momentos en que la comodidad del letargo del sueño nos hace perder la sensibilidad para escuchar la voz del rey. ¿Será que la Sunamita se "acomodo" demasiado? Y por estar *tan* acostumbrada al rey; a entrar a sus cámaras y a oler su fragancia, no se percató que Él estaba ahí, pero que se podía ir, si ella no le abría.

"***Le abrí a mi amado, ¡pero él ya se había ido! Se me desplomó el corazón. Lo busqué pero no pude encontrarlo. Lo llamé pero no tuve respuesta" Cantares 5:6.***

Este sueño del que fue presa la Sunamita no era un sueño total, ella estaba adormilada, necesitaba despabilarse y despertarse pero no pudo hacerlo a tiempo. Ella no estaba profundamente dormida, estaba adormecida, lánguida, no tenía fuerzas para levantarse. Mientras la novia dormita, el corazón del adorador vela, como el salmista. David dijo «***no dejaré que mis ojos duerman ni cerraré los párpados adormecidos» Salmos 132:4 NTV.***

«***...Él que te cuida no se dormirá. En efecto, el que cuida a Israel nunca duerme ni se adormece.» Salmos 121:3-4 NTV***

Bíblicamente, ¿qué es el adormecimiento? Es el verbo /nuwn/ y tiene que ver con: tener somnolencia, letargo, y dormitar (modorra). El diccionario lo define como un efecto que causa somnolencia en una persona. También como algo que hace olvidar una pena, calma un dolor, se pierda la fuerza, y logra que el cuerpo quede insensible por un tiempo corto. El adormecimiento de acuerdo con revistas médicas: *"viene a producir sueño y a que se pierda la sensibilidad del cuerpo de estar alerta, por un tiempo específico".*

El adormecimiento espiritual es lo mismo; es un espíritu que hace que justo cuando necesitas estar más atento y despierto al llamado del "amado" no permanezcas alerta para escuchar la voz de Dios.

¿Cuándo y porque puede venir el sueño espiritual? El adormecimiento vendrá durante el tiempo en que has sufrido una pena; un dolor por algo que sucedió, tus sentimientos están afectados por una herida y eso te ha debilitado al punto que no logras enfocarte en Dios y en su Presencia como antes lo hacías.

- El adormecimiento es un opresión espiritual que hace que te entretengas en un problema, y busques sustitutivos que te hagan disminuir la intensidad del dolor. Te distrae, te desenfoca, te entretiene, y te hace perder la oportunidad de oír a Dios y buscarlo a Él, quién es el Único que podrá darte la verdadera solución a tu problema.

El adormecimiento espiritual, te hace estar consiente en las cosas de Dios, pero ausente de su Presencia. Te hará hacer las cosas en el afán y la ansiedad, y te roba completamente la paz, pues luego te acusa de no ser espiritual. Este adormecimiento, logrará cerrar tus oídos espirituales, para que pierdas tu sensibilidad espiritual. Los demás oirán la voz de Dios y tú no. Los demás se gozarán con la presencia de Dios y tú no. Los demás estarán llenos de /rhemas/en la Palabra y tú no; estás pero no estás. Cuidado ¡porque el objetivo del adormeciendo es que caigas en un sueño profundo, y eso te puede desconectar de la presencia de Dios.

«Perezoso, ¿hasta cuándo has de dormir? ¿Cuándo te levantarás de tu sueño? Un poco de sueño, un poco de dormitar, Y cruzar por un poco las manos para reposo; Así vendrá tu necesidad como caminante, Y tu pobreza como hombre armado.» Proverbios 6:9-11.

1. Estaba adormecida. Ella tenía que estar preparada para cuando el novio viniera a buscarla y no se pudo levantar, cuando por fin lo logró, ya era tarde. Él ya se había ido. Ella tenía que estar vestida, con sus zapatos puestos y lista para salir al encuentro con el Amado. Algo tan sencillo como estar atenta al timbre de su voz, levantarse, abrir la puerta, e irse con Él; ¡ella no logro hacerlo! El adormecimiento espiritual había anulado su capacidad de estar alerta.

Cuantas veces el Señor ha tocado nuestra puerta, y no nos hemos despertado, o aunque lo hayamos oído, no estamos listos para correr a su llamado?

Los discípulos y las 10 vírgenes también se adormecieron.

Este es un fenómeno que se presentará en los últimos tiempos; un sueño que cae de repente, y parecerá un estupor. Este adormecimiento vendrá para hacernos quedar dormidos por la opresión de las tinieblas que con su maldad cubrirán la tierra. Tenemos que aprender en este tiempo específico el secreto que lo inhabilita y ese es el **"velar"**.

MATEO 26:40 "cuando el Señor va a sus discípulos y los halla durmiendo y les dice...no habéis podido velar conmigo una hora? ...el espíritu a la verdad está dispuesto pero la carne es débil".

También encontramos en la Biblia que todas las diez vírgenes se quedaron dormidas, pero "las sensatas" lograron despabilarse del adormecimiento, y "arreglar" las lámparas con el aceite. Ellas conocían el secreto de *velar*, que es estar atento y por eso se despertaron a tiempo.

Arreglar tiene que ver con prepararse. Ellas se levantaron y arreglaron sus lámparas, y eso significa poner en orden las cosas con "anterioridad".

La mayoría de nosotros, conoce el final de esta historia. El esposo vino y se fueron con El las vírgenes sensatas que habían velado, estuvieron atentas, arreglaron sus lámparas y se levantaron con El cuándo llegó a buscarlas. Después de esto la puerta se cerró; esa puerta es espiritual.

Ellas corrían de un lugar a otro, pero ya "la puerta estaba cerrada". El tiempo de la preparación, es antes. ¡Preparémonos hoy porque la puerta se va a cerrar!

2. Esa mujer estaba acomodada. Nosotros como Iglesia del Señor, no podemos caer en acomodamiento; no podemos vivir de las visitaciones del pasado y de los recuerdos de las glorias pasadas; la única manera que vamos a permanecer llenos de vida y fortaleza espiritual es que no perdamos la intimidad con Jesús porque Su Presencia nos llena por completo de Él.

Dios no sólo quiere que hagas las cosas correctas sino que tu corazón también esté presente en adoración.

De nada te sirve ir religiosamente cada domingo a la iglesia sino dispones tu corazón para tener comunión con Dios y hablar con Él. Hay gente que dice: *"me da pereza orar, no sé qué más decir después de 15 minutos... no entiendo, si yo hago todo bien... porque no siento la presencia de Dios en mi vida?"* El hacer las cosas correctas no quiere decir que lo estés haciendo correctamente. La Biblia dice: *"este pueblo de labios me busca pero su corazón está lejos de Mi."* ¡Dios quiere tu corazón!

3. El Señor está a la puerta. *"He aquí, yo estoy a la puerta y llamo; si alguno oye (/akoúo/: entender, llegar a oído de, obedecer, oyente)* **mi voz** *(/foné/ mediante la idea de revelación; iluminar, mostrar)* **y abre la puerta, entraré a él, y cenaré** *(/deipneo/ tomar la comida principal)...***con él, y él conmigo". Apocalipsis 3:20**

En este texto, Jesús le estaba hablando al corazón de la Iglesia de Laodicea. Jesucristo está llamando a la puerta de tu corazón cada vez que el Señor siente que debemos volver a Él. Tienes que estar atento porque en momento en que a Él viene su Presencia todo lo transforma, todo lo cambia, todo lo renueva. Un instante en la Presencia de Dios, cambia tu destino por completo.

Jesús desea tener amistad con nosotros y quiere que le abramos la puerta porque va a cenar con nosotros. Él no va abrir la puerta a la fuerza, ni la va a tirar, Él no es un violador, ni un ladrón; Él es un caballero que tocara y esperara que tú le permitas entrar; sino lo haces, se ira y tu oportunidad de tener una cita con el Rey habrá pasado.

8

TIEMPO DE INTIMIDAD, DE CORAZÓN A CORAZÓN

Este es un tiempo en el que el Señor quiere tener una cita divina con cada uno de nosotros. Este es un tiempo adecuado para encontrarnos con Él.

El Señor viene, toca la puerta, y nosotros debemos abrirle porque quiere sentarse en la mesa y cenar con cada uno de nosotros. ¿Qué vamos a cenar? La comida principal. Cristo es el pan de vida. Él quiere que nosotros seamos uno con El, así como Jesús es uno con el Padre.

"Les he dado la gloria que tú me diste, para que sean uno, como nosotros somos uno. "Juan 17:22

"Te pido que todos sean uno, así como tú y yo somos uno, es decir, como tú estás en mí, Padre, y yo estoy en ti. Y que ellos estén en nosotros, para que el mundo crea que tú me enviaste." Juan 17:21

El Señor quiere que seas uno con Él, y para que eso acontezca tienes que anhelar estar en su presencia, y al pasar tiempo de calidad a su lado, cada vez más te darás cuenta que su Palabra revelada en tu vida, hará los cambios que necesitas para parecerte más a Jesucristo mientras vas creciendo a la estatura del varón perfecto.

¡Anhela estar en su Presencia para que Él se te revele!

Hay un tiempo específico para esa cita, un momento que se nos va a revelar, para eso hay que estar preparado. Vamos de camino al Padre por medio de Jesús, quien es el Camino y la Puerta a Dios. Cuando tú lo anhelas solo quieras más de Él y menos de ti.

¡Cuantas veces Dios quiso hablarte, dejarse ver por ti, darte estrategias!, pero no oíste su voz. Sera que El pasó por tu lado, toco la puerta de tu corazón, porque quería cenar contigo, y ¿no lo oíste? y si de repente lograste escuchar su voz, no pudiste levantarte a tiempo del adormecimiento.

Nunca subestimes el poder de un encuentro con el rey, una cita entre tú y Él se puede dar en un servicio de adoración, o en tu lugar secreto. Unos pocos instantes en la presencia del rey pueden cambiar tu vida. Ese tiempo de intimidad va a preparar tu corazón para el día que el regrese por ti, para que pases de novia a esposa.

UN LUGAR ESPECIAL, CENA PARA DOS

¿Qué ocurre en una cena íntima? Hay cercanía, diálogo, comunicación. Cuando te encuentras con Él, estarás en un lugar especial, sentado a la mesa con el Maestro, tendrás intimidad y hallarás revelación. Si cautivas el corazón de Dios y llamas su atención, lograrás entrar a ese lugar especial donde Él está, junto a la mesa servida dispuesto a cenar contigo. A ese lugar de intimidad Él quiere llevarse a su Iglesia para estar con ella, es ahí es donde tú lo vas a conocer.

"Has cautivado mi corazón...tesoro mío, esposa mía... 10..." Tu amor me deleita, tesoro mío, esposa mía. Cantares 4:9

Hay un lugar especial en el que el Señor se deleita...y ese es tu corazón... el huerto de tu corazón, donde Él viene, te visita, y te apacienta.

RECUERDA ESTO: CON QUIEN COMPARTES TU MESA, COMPARTES TU CORAZÓN.

Mi amado ha descendido a su huerto, a las eras de bálsamo, a apacentar su rebaño en los huertos y recoger lirios. Cantares 6:2

Dios está alejándote del peligro, y te lleva a un lugar libre de angustia. Está poniendo en tu mesa la mejor comida..." Job 36:16.

¿QUÉ ES EL CORAZÓN?

Es el ser interior del hombre. Es el lugar de tu vida, donde reposa la Presencia de Dios. Es lo íntimo, lo sagrado, donde habita Dios en ti. Por eso el corazón se debe guardar.

En mi corazón he guardado tus dichos, para no pecar contra ti. Salmos 119:11

Cuando el corazón no está bien, la presencia de Dios no puede reposar o habitar. Si tu guardas la Palabra de Dios en el, (no en tu mente, sino en tu corazón), no pecarás jamás.

¿Porqué en el corazón? En el corazón se originan, las motivaciones y los pensamientos, las intenciones con las cuales haces las cosas, vienen de ahí, de tu corazón.

"Sobre toda cosa guardada, guarda tu corazón; Porque de él mana la vida" Proverbios 4:23

Para que cambie tu vida, tiene que cambiar tu corazón. Si alguien llega a morir, ¿Qué van a tratar de resucitar? el corazón, si este se detiene, se para la vida. El Evangelio es una historia de amor en donde Dios demostró amor por nosotros por eso ahora nosotros debemos permanecer enamorados de Él. Dios quiere tener intimidad con nosotros. Dios nos ama y quiere desarrollar una historia de amor entre Él y Su Pueblo. Pero lo más importante es que Él quiere que le conozcamos.

ENTONCES...ESTAMOS HABLANDO DE UN LUGAR, DONDE NOS ENCONTRAMOS CON EL, QUE ES NUESTRO CORAZON.

Mi corazón te ha oído decir: «Ven y conversa conmigo». Y mi corazón responde: «Aquí vengo, Señor ». Salmos 27:8 NTV

Para que eso ocurra debe haber Intimidad.

... La comunión íntima de Jehová es con los que le temen, y a ellos hará conocer su pacto. Salmos 25:14

La palabra íntima es */sod/* y tiene que ver con una compañía de personas (deliberación estrecha), estar en secreto, en comunicación, tener favor, es tener un consejo secreto con alguien. Este lugar íntimo, es el **espacio reservado** donde nos encontramos con Dios. Ahí estará el secreto de Dios, y para entrar necesitamos el favor del Altísimo.

El diccionario dice: que *intimidad* es una amistad muy estrecha o cercana. Es la parte reservada de esa persona que solo es conocida por alguien muy íntimo. Pero no sucederá de forma automática o accidental.

Pensemos en como se desarrollan las relaciones humanas. Las amistades no son instantáneas; deben ser cultivadas con el tiempo. De la misma manera, hay que hacerlo con Dios, debemos ser diligentes en la búsqueda. Toda relación de intimidad tiene ver con confianza. La confianza tiene que ver con relación y cercanía.

Como está tu relación con Dios? La confianza representa relación con Dios, tu andar y caminar con Dios. Como está tu intimidad con Él?

Recuerda algo... Si tú quieres cautivar al rey tienes que ser novia...porque una sola es la amada, es la que se desespera por buscarlo y lo encuentra. Es la que sabe entrar con El a las cámaras secretas del rey y adorarlo como Él se merece. Es la que oye su voz y le abre la puerta. Es la que cena con El y tiene intimidad con su amado.

Mi corazón te ha oído decir: «Ven y conversa conmigo». Y mi corazón responde: «Aquí vengo, Señor ». Salmos 27:8 NTV

Es en el tiempo de intimidad en el que Dios habla a tu vida y se hace real para ti. En ese tiempo llegarás a conocerle y Él se hará uno contigo. En la adoración íntima Él dejará de ser una teoría y revelará su Presencia a tu vida.

El problema es que muchos han relegado el tiempo de adoración con Dios, a cantar alabanzas en forma colectiva y danzar en los servicios de la Iglesia. **El tiempo de intimidad es más que eso;** es adorar al Señor de tu vida, en forma íntima y personal como un súbdito adora a su rey, se postra ante su Presencia y se entrega por completo a Él.

Hasta que Jesús no se vuelva el centro de tu vida, y no se convierta en tu deleite personal, tu tiempo de adoración solo será propicio a ti, en medio de otras personas que experimentarán una gloria colectiva.

Dios está buscando corazones, que lo amen con desesperación, que lo busquen con pasión y que Él sea lo único que desean alcanzar. El Señor quiere habitar en corazones que se han preparado para que el gobierne desde ahí toda su vida. Si un corazón no está preparado para que sea habitado por Cristo en su totalidad, Su Presencia será algo ajeno, lejano, complicado de entender y experimentar, porque solo será algo que se ve muy bonito pero que no se ha vivido en lo personal.

DIOS QUIERE TU CORAZÓN

acerquémonos con corazón sincero, en plena certidumbre de fe, purificados los corazones de mala conciencia, y lavados los cuerpos con agua pura. Hebreos 10:22

Un corazón sincero es aquel que es verdadero y no hay en él mentira ni engaño. Este corazón no esconde nada, y es completamente transparente.

A Dios nos podemos acercar por medio de la Sangre de Jesús que nos dio vía libre y entrada legal para llegar al Trono de la gracia. Por medio de ese sacrificio perfecto, podemos recibir el amor del Padre y no somos rechazados por Él.

Para llegar a Dios, no tenemos que pasar por un sinnúmero de ritos complicados; lo único que se necesita -y es más que suficiente- es el poder de la Sangre rociada de Cristo que purifica y limpia nuestros corazones y cuerpos y nos hace aptos de estar delante de la Presencia de Dios.

Dame, hijo mío, tu corazón, Y miren tus ojos por mis caminos. Proverbios 23:26

Si Dios no estaría interesado en nuestros corazones, no lo pediría. En el corazón convergen nuestros pensamientos, sentimientos, intelecto y voluntad. Rendirse completamente a Dios y tener una vida de intimidad con Él, es entregar el corazón por completo, puesto que eso es lo que relegado Él desea y lo que viene a buscar, corazones que se han *preparado para un encuentro con el Amado.*

9

PREPARANDONOS PARA EL ENCUENTRO CON EL AMADO

Regocijémonos y alegrémonos, y démosle a Él la gloria, porque las bodas del Cordero han llegado y su esposa se ha preparado. Y a ella le fue concedido vestirse de lino fino, resplandeciente y limpio, porque las acciones justas de los santos son el lino fino. Apocalipsis 19:7-8 LBLA

En este texto se puede observar que el Señor presenta a la Iglesia, como la novia de Cristo, específicamente habla de unas bodas que se van a realizar y de una esposa que se ha preparado. Esta es una boda que será eterna; un casamiento lleno de romance, amor y majestuosidad. Es una boda en la que el novio es nuestro Señor Jesucristo -nuestro Rey y Señor- y la novia es su iglesia; creyentes como tú y yo que nos estamos preparando para su venida.

En estos últimos tiempos se habla mucho de preparación. En griego es la palabra /geitoimazo/ y habla de alguien que está haciendo preparativos y que esta dispuesto a trabajar duramente para que todo este listo cuando llegue el momento esperado.

Por ejemplo, en el estado de la Florida-EEUU, cada año hay que prepararse para la temporada de huracanes que comprende oficialmente desde el 1 de Junio hasta el 30 de Noviembre. En este tiempo se forman la mayoría de los ciclones tropicales en la cuenca del Atlántico. Durante estos meses, los que vivimos en esta zona tropical, tenemos que estar preparados en caso de que se forme repentinamente un huracán o tormenta tropical.

A este punto valdría la pena también preguntarse; ¿la Iglesia se está preparando espiritualmente para lo que pudiera acontecer en estos tiempos? Así como nos preparamos para los acontecimientos cotidianos de la vida, también deberíamos prepáranos en lo espiritual. La preparación espiritual es la de una Iglesia que anhela encontrarse con el Rey de Reyes y Señor de Señores, y que debe estar lista para cuando Él venga por ella. ¿De qué vale tanta preparación en lo natural sino está preparada en lo espiritual...? Se prepararía solo para quedarse.

EL VESTIDO DE LA NOVIA

Miremos el texto otra vez... *Y a ella le fue concedido vestirse de lino fino,*

resplandeciente y limpio...

La novia de Cristo se debe preparar. La palabra preparación, como se explicó anteriormente, se refiere a alguien que está haciendo arreglos y trabaja arduamente para que cuando llegue el día esperado, este todo listo.

En una boda como se sabe ¿quién es la novia? por el vestido, todas las invitadas, las damas de honor, pueden verse muy hermosas, pero una sola es la novia y ella debe brillar.

El texto dice...*"Y a ella le fue concedido vestirse de lino fino, resplandeciente y limpio"*... esto me habla de pureza y santidad. Jesús está buscando una novia que se ha purificado y lavado sus vestidos en su Sangre y se ha limpiado en su Palabra.

Para ser tomado como digno de estar en las bodas del Cordero, hay que tener un vestido, no se puede pensar estar ahí sin tener uno. *(Mateo 22:8-15)*

LA NOVIA SE TIENE QUE PURIFICAR

¿Quiénes son los que han purificado el corazón?

*¿Quién subirá al monte de Jehová? ¿Y quién estará en su lugar santo? 4 el limpio de manos y **puro de corazón**; El que no ha elevado su alma a cosas vanas, ni jurado con engaño. **Salmos 24:3-4 RVR1960***

La palabra "puro" es /bar/ en hebreo y significa amado, claro, limpio, sincero, vacío.

Entonces, ...¿Quien subirá al monte de Dios para ver la pureza de la Santidad del Señor? La Biblia lo dice: Los que podrán entrar a la Presencia de Dios son aquellos que conducen sus asuntos con integridad; el limpio de manos.

Una persona íntegra es aquella que siempre hace lo correcto, y actúa en bondad y justicia. Recuerde que el texto dice que **el lino fino representa las acciones justas** de los que han sido limpios por la Palabra de Dios; también el que no ha elevado su alma a cosas superfluas y está libre de la gloria vana.

Vivimos en un mundo contaminado, sucio, y tan lleno de perversión que hablar de pureza, suena un poco retrogrado. Un joven puede pensar que es difícil mantener su mente limpia, cuando a través de la tecnología es fácil acceder a todo tipo de contenidos. Miremos lo que Timoteo aconsejaba a los jóvenes:

"Si te mantienes puro, serás un utensilio especial para uso honorable. Tu vida será limpia, y estarás listo para que el Maestro te use en toda buena obra". 2 Timoteo 2:21 NTV

VEAMOS COMO ES EL PROCESO BÍBLICO DE PURIFICACIÓN

"Y cuando llegaba el tiempo de cada una de las jóvenes para venir al rey Asuero, al cabo de haber estado ya doce meses conforme la ley acerca de las mujeres (porque así se cumplía el tiempo de las purificaciones esto es, seis meses con óleo de mirra, y seis meses con cosas aromáticas y aceites de mujeres)" Biblia los Jubileos. **Ester 2:12**

Este texto hace referencia a Esther, la campesina Judía que logro conquistar el corazón del Rey Persa, Asuero.

Aquí se habla de un **"tiempo para las purificaciones"**. En ese tiempo, la mujer que deseara ser la elegida como la esposa de un monarca persa, debía entrar en un proceso de purificación. Las jóvenes tenían que ser vírgenes y pasar por un ritual de belleza muy esmerado. Ser virgen no era la única regla… por un año entero, ellas se dedicaban con cuidado a preparase para ese "gran día" y ser dignas de ser elegidas como la esposa.

El tiempo de las purificaciones era un año donde ellas se esforzaban al máximo en su preparación, para llamar la atención del Rey y ser elegidas.

Purificarse es una palabra hebrea que se llama */maruk/* y tiene que ver con el ungimiento de la novia con aceite y mirra.

Como era esa preparación?

1. Los primeros seis meses era una preparación de aceite y mirra. Esto servia como un **exfoliante y astringente que se colocaba** sobre la piel para que esta fuera impregnada con ese perfume.

En la antigüedad las mujeres colocaban la ropa sobre unas especies de fogones que tenían debajo inciensos para que la ropa quedara impregnada de ese olor.

La purificación de la piel se hacia con aceite y mirra, y la mirra estuvo todo el tiempo presente en la vida de Jesús.

Desde su nacimiento cuando los sabios se lo dieron, hasta su sepultura cuando lo envolvieron en ella.

La mirra también se incluía en las preparaciones santas que se usaban en la ministración del Tabernáculo. Se usaba tanto en el aceite de la unción como en la mezcla más espesa que se quemaba delante del Señor como incienso santo. Los sacerdotes untaban el aceite de unción a los instrumentos y a los muebles del Tabernáculo, como un acto de santificación y separación a Dios.

EL ACEITE DE LA UNCIÓN DE MIRRA, ES NECESARIO PARA LA PREPARACIÓN DE LA NOVIA.

Esta fragancia tiene que ver con el arrepentimiento y la pureza. La Iglesia (que es la Novia de Cristo), **tiene que estar impregnada de ella, para estar lista para su encuentro con el Rey.**

El quebrantamiento suaviza las malas actitudes, y los corazones endurecidos.

La mirra habla entonces de:

- Quitar impurezas.

- Limpiar el ser interior de cosas que no sirven.

-Apartarse de malas actitudes, hábitos y viejas formas de pensar

La mirra habla de cambio, santificación y purificación.

2. El segundo semestre era de inmersión en especies aromáticas y aceites dulces.

   Esto significa: adoración; sumergirte en la fragancia dulce del Rey.

Dios tiene un plazo para que nos purifiquemos como Ester. Recuerda, su reloj profético ha empezado a correr desde hace tiempo.

HAY UN PLAZO ESTABLECIDO PARA CAMBIAR LA CONDUCTA, ENDEREZAR EL CAMINO TORCIDO, Y LIMPIAR LA MENTE Y EL CUERPO. HAY UN PLAZO COMO ESTER PARA PURIFICARSE.

Vasti, la esposa del Rey Asuero, representa una iglesia que se cree muy segura de sí misma. El rey mando a llamar a la reina para que se engalanará y se pusiera su corona, pero ella no quiso ir. El rey tuvo que quitarle el galardón de ser esposa y reina, y por eso, escogió a Esther.

CUIDADO CON LAS QUE ERAN ESPOSAS QUE NO QUISIERON ENTRAR EN LA FIESTA. VASTI NO QUIZO IR A LA FIESTA Y FUE DESPRECIADA.

Este es un tiempo en el que Dios está hablando a Su Iglesia, para que cambie conductas erróneas, y corrija todo lo que este desviado. Es importante que la Iglesia de Cristo, ore para que sus ojos sean abiertos y por revelación entienda los tiempos en los que estamos viviendo. Que el Señor nos de ojos, para ver nuestro reloj y compararlo con el reloj de Dios. El rey amo a Esther por encima de las demás vírgenes Y LE PUSO UNA CORONA.

¡Que la Iglesia sea coronada con la UNCIÓN del Espíritu Santo en esta hora!

Pide a Dios que amplíe el plazo para enmendar errores personales, entregar cada plan y propósito a Él, y purificar las vestiduras espirituales.

10

NOVIA LIMPIA Y SIN MANCHA

Anteriormente hablamos de la purificación (preparación de la novia) y de lo que es la pureza del corazón.

En este tipo de preparación no sólo hay que purificarse por dentro, también hay que limpiar los vestidos, y preparar el ajuar para el día del encuentro divino. En Apocalipsis dice que a la novia se ha vestido con lino fino, y el lino fino son las acciones justas de los santos. ¿Cómo están tus acciones delante de Dios? El vestido espiritual esta blanco o resplandeciente?

Una novia no puede estar sucia y mal arreglada el día de su boda. Ella debe estar impregnada del perfume que al novio le gusta y debe estar su vestido limpio.

"Regocijémonos y alegrémonos, y démosle a Él la gloria, porque las bodas del Cordero han llegado y su esposa se ha preparado. Y a ella le fue concedido vestirse de lino fino, resplandeciente y limpio, porque las acciones justas de los santos son el lino fino". Apocalipsis 19:7-8 LBLA

La Novia de Cristo debe estar libre de manchas e impureza espiritual. Cuantos tipos de manchas existen en la Biblia? Recordemos que mancha tiene una connotación espiritual de pecado.

La mancha /bojeret/ #H934 es una mancha blanquecina en la piel.

En todo Levítico 13 se nos habla de las manchas de la lepra; esta no era una enfermedad hereditaria entre los hebreos, sino que la contrajeron por trato con los egipcios y por las circunstancias desfavorables de su condición en la esclavitud.

La gran irritabilidad del cutis en las regiones cálidas y arenosas de Oriente, producía una mayor predisposición a la lepra, así como manchas, grietas e inflamaciones. Un solo punto rojo en la piel, era mirado con extremo cuidado por Aarón para adoptar como sacerdote las precauciones sanitarias del caso y si era diagnosticada con la misma era declarada inmunda y puesta en el lazareto habilitado con tal propósito.

La lepra se relaciona con pecado. La lepra brotaba sobre el que se había desviado de la voluntad de Dios. El caso de María que fue azotada por lepra por murmurar contra el líder, Moisés. La lepra te hace apartar de la comunión con tus hermanos porque te aísla.

En al A.T eran considerados inmundos y tenían que estar fuera de la Presencia de Dios. El pecado te mata espiritualmente. La mancha de la lepra produce entumecimiento e insensibilidad al dolor. Un pecado recurrente, cauteriza la conciencia. Las personas se vuelven duras, insensibles, y no hay arrepentimiento en ellas.

La mancha /nega/ #H5061 mancha, ofensa, azote o herida, llaga (Levítico 14:37). Esta mancha era la del moho que contaminaba las casas, y tenían que ser colocadas en cuarentena por siete días. Que moho está contaminando tu casa espiritual? Tu ser interior? Una ofensa que ocasionó una herida que ya tiene llaga?

La mancha /mum/ #H3971 defecto físico o moral, lesión.

Si tú dispusieres tu corazón, Y extendieres a él tus manos; Si alguna iniquidad hubiere en tu mano, y la echares de ti, Y no consintieres que more en tu casa la injusticia, Entonces levantarás tu rostro limpio de mancha, Y serás fuerte, y nada temerás. Job 11:13-15

Esta es la mancha de la iniquidad y de la injusticia que se ha llevado por generaciones, y no ha sido cortada por el Poder de la Sangre de Cristo, cuando hay un arrepentimiento genuino. Otra versión dice que no haya maldad dentro de tus habitaciones (ser interior).

La mancha /katam/ #H3799 *labrar, tallar o grabar. Inscribir indeleblemente, permanecer.*

Aunque te laves con lejía, y amontones jabón sobre ti, la mancha de tu pecado permanecerá aún delante de mí, dijo Jehová el Señor. Jeremías 2:22.

El pecado de Judá sólo podía ser lavado por medio del arrepentimiento, no con jabón, ni con lejía (álcali vegetal del Nilo). Esta es la mancha de la rebelión y la desobediencia que llevara siempre a que el alma quede cautiva y la mente reprobada.

La mancha /amomos/ *#G299 sin defecto, sin mancha y sin arruga. Efesios 1:4 y Colosenses 1:22*

según nos escogió en él antes de la fundación del mundo, para que fuésemos santos y sin mancha delante de él. Efesios 1:4

La Iglesia de Cristo debe ser gloriosa, sin defecto, sin doblez, sin ni siquiera una pequeña arruga. Debe ser santa, pura, consagrada, y sin ningún tipo de defecto.

HAY QUE QUITARSE LA ROPA SUCIA

11 ...el tiempo se acaba. Despierten, porque nuestra salvación ahora está más cerca que cuando recién creímos. 12 La noche ya casi llega a su fin; el día de la salvación amanecerá pronto. Por eso, dejen de lado sus actos oscuros como si se quitaran ropa sucia, y pónganse la armadura resplandeciente de la vida recta. 13 Ya que nosotros pertenecemos al día, vivamos con decencia a la vista de todos. No participen en la oscuridad de las fiestas desenfrenadas y de las borracheras, ni vivan en promiscuidad sexual e inmoralidad, ni se metan en peleas, ni tengan envidia. 14 Más bien, vístanse con la presencia del Señor Jesucristo. Y no se permitan pensar en formas de complacer los malos deseos.

¡Tienes que purificarte y limpiarte el vestido para que estés preparado como Iglesia del Señor, para encontrarte con el Rey!

QUIÉNES SON LOS DIGNOS?

Pero tienes unas pocas personas en Sardis que no han manchado sus vestiduras; y andarán (en otras versiones dice caminaran) conmigo en vestiduras blancas, porque son dignas. El que venciere será vestido de vestiduras blancas; y no borraré su nombre del libro de la vida, y

confesaré su nombre delante de mi Padre, y delante de sus ángeles.
Apocalipsis 3:4, 5.

Los creyentes de Sardis, fueron dignos porque no mancharon sus vestiduras. A todos nos dieron vestiduras y debemos mantenerlas limpias. Si las vestiduras espirituales se han ensuciado con el pecado o la inmoralidad sexual, hay que arrepentirse para ser hallado digno.

El que estaba hablando aquí es el que tiene "los siete Espíritus de Dios" el que tiene la plenitud del Espíritu, para redargüir el pecado. El Señor Jesucristo tiene la plenitud completa del Espíritu Santo. Las siete estrellas, denotan, resplandor y gloria.

Sardis era una de las iglesias que se caracterizaba por su **vitalidad espiritual.** En el versículo 1, le dice: *"Yo conozco tus obras, que tienes nombre de que vives, y estas muerto"*....y aunque esta Iglesia tenía fama de estar muy viva, el que escudriña los corazones, *"la declaró muerta".* Sardis, tenía fama por su buen nombre, pero estaba espiritualmente muerta porque los vestidos estaban sucios.

El consejo: Se vigilante, afirma tus obras, deja de dormir espiritualmente, y limpia los vestidos espirituales para que seas digno de estar de estar delante del Presencia del Rey. Guarda tu ropaje, porque nada inmundo entrara en la ciudad celestial.

SI EN ALGÚN MOMENTO, NUESTROS VESTIDOS SE MANCHAN SABEMOS QUE LAVAMOS NUESTROS PECADOS EN LA PRECIOSA SANGRE DE NUESTRO SEÑOR JESUCRISTO. POR ESO TIENES QUE TENER REVELACIÓN DE LA GRACIA DE LA SALVACIÓN, Y EL PODER DE LA SANGRE.

La palabra "no mancharon" es la palabra griega #3435 */moluno/* ensuciar, manchar, contaminar. Viene de la raíz #3189 */melas/* que quiere decir negro.

Dice que...."*el que venciere, será vestido de vestiduras blancas*"...y caminaran con el y serán dignos. (La dignidad no de ellos sino de Cristo).

Pensemos por un momento como será ese blanco. No será un blanco insípido, sino que será resplandeciente, deslumbrante. El cuerpo transfigurado a la semejanza del cuerpo de Cristo, emitiendo rayos de luz, reflejados de Él.

¡El que venciere, recibirá el mismo galardón de los que no mancharon sus vestidos!

CONCLUSIÓN

En conclusión hay unos creyentes que no se han preparado para esa ocasión:

- No se han purificado.

- No tienen las vestiduras limpias.

- O no están listos. Se cansaron de esperar la promesa. Se han quitado el vestido y las sandalias y están desnudos.

¿Quiénes son los llamados dignos?

La Palabra digno es, merecedor G#514 */axios/* apropiado, (como trayendo alabanza). Algo que se merece.

Velad, pues, en todo tiempo orando que seáis tenidos por dignos de escapar de todas estas cosas que vendrán, y de estar en pie delante del Hijo del Hombre. Lucas 21:36

El cuerpo de Cristo que se ha santificado, es el que va a ser levantado. La novia de Cristo, que agrada a Dios, es la que caminara con Él.

Si tengo vestiduras blancas, soy digno, tendré galardón, voy a escapar de las cosas que van a venir, seré invitado a las bodas del cordero y caminare con el Señor con vestiduras blancas.

JESUCRISTO ESTA A LAS PUERTAS Y MIENTRAS SU AMADA ES LLEVADA CON EL, SE DEBE PERMANECER ERGUIDOS, ALERTAS Y NO DISTRAIDOS PARA PARTICIPAR EN LAS BODAS DEL CORDERO COMO LO ESTABLECE LA PALABRA.

APOCALIPSIS 22:17 "y el espíritu y la esposa dicen ven y el que oye diga.... Ven a Señor, ven"

www.ingramcontent.com/pod-product-compliance
Lightning Source LLC
LaVergne TN
LVHW081349060426

835508LV00017B/1483